전리군과의
대화

이 도서의 국립중앙도서관 출판시도서목록(CIP)은 서지정보유통지원시스템 홈페이지
(http://seoji.nl.go.kr)와 국가자료공동목록시스템(http://www.nl.go.kr/kolisnet)에서 이
용하실 수 있습니다. (CIP제어번호 : CIP2014009781)

중국의
사회주의, 자본주의
그리고
민주주의

전리군과의 대화

연광석(延光錫)·이홍규(李弘揆) 엮음 | 연광석 옮김

한울
아카데미

일러두기

중국어 고유명사는 한자음으로 표기했으며, 처음 나올 때에만 국립국어원 외
래어표기법에 따라 병기했다. 인명은 229쪽에 따로 정리해두었다.

이 책의 「꿈과 같은 인생」, 「전리군과의 대화」 하단 별표 각주는 옮긴이/엮은
이 주이다.

2009년 가을이었던 것으로 기억한다. 이 책의 공동 엮은이이기도 한 연광석 선생으로부터 흥미로운 이메일이 왔다. 박사과정 중인 대만 교통(交通)대학에서 중국 현대사 수업을 듣고 있는데, 강사는 다름 아닌 중국의 대표적인 노신 연구자인 전리군(錢理群, 첸리췬) 선생님이며 그의 강의는 풍부한 사료, 특히 중국 민간 사회의 생생한 목소리와 개인적 체험을 함께 전달하는 독특한 방식이라는 내용이었다. 1년 후 연광석 선생의 전언은 더욱 기쁜 소식이었다. 전리군 선생님의 중국 현대사 강의록이 대만에서 곧 출판될 것이며 이와 거의 동시에 나올 한국어 번역서를 자신이 맡게 되었으니 나중에 번역 초고를 읽어봐 달라는 것이었다. 물론 필자는 '불감청(不敢請)이언정 고소원(固所願)'이었다.

이후 연광석 선생이 보내온 것이 바로 『모택동 시대와 포스트 모택동 시대 1949~2009: 다르게 쓴 역사』(한울, 2012)의 번역 초고였는데, 글을 읽으면서 필자는 어떤 새로운 성질의 전율과 흥분 같은 것을 느꼈다. 무엇 때문이었을까? 한동안 처음 느낀 그 감정의 실체가 무엇인지 곰곰이 생각해보곤 했다. 읽는 이로 하여금 후대의 평가자가 아니라 그 시대의 참여자가 되도록 만드는 것 같기 때문이었을까? 강요되는 역사 읽기가 아니라 바로 우리 자신의 목소리를 읽을 수 있는 역사이기 때문이었을까? '다르게 쓴 역사'라는 부제처럼 결국 우리 스스로가 역사 서술의 주인임을 깨닫는 카타르시스를 이 책을 통해 경험한 것이 아니었을까?

　그 사이에 전리군 선생님의 다른 책들이 한국에서 잇달아 번역·소개되었고, 2012년 봄에 전리군 선생님을 다른 토론회에서 처음 뵐 기회가 생겼다. '역사적 중간물'이라는 독립적인 비판자로서의 자세를 조금도 흐트러뜨리지 않는 선생님의 열정을 직접 느낄 수 있는 자리였지만, 선생님과 더 많은 대화를 나누지 못한 아쉬움이 남았다. 그러던 차에 그해 가을 전리군 선생님을 다시 만나 뵐 기회를 얻었다. 제1회 파주북어워드 '저작상' 수상을 즈음해 방한한 전리군 선생님을 모시고 열린 도서출판 한울의 『모택동 시대와 포스트 모택동 시대 1949~2009: 다르게 쓴 역사』 출판 기념 집담회에 참여해달라는 요청을 받았던 것이다. 게다가 필자는 집담회의 기획까지 맡게 되었다.

　"중국의 사회주의, 자본주의, 민주주의"라는 제목으로 열린 집담회에는 전리군 선생님 외에도 관련 연구를 깊이 독해해온 한국 학계의 비판적 지식인들을 함께 모셨다. 한국의 대표적인 노신 연구자로서 전리군 선생님을 한국에 처음 소개한 박재우 선생님, 동아시아의 실질적 민주주의 실현을 위한 이론 연구와 실천을 함께 해온 조희연 선생님, 모택동(毛澤東, 마오쩌둥)의 시와 노신의 소설을 거울삼아 동아시아의 문화를 성찰하고 비평해온 백원담 선생님, 자본주의 세계체제와 중국 노동의 관계, 그리고 문화대혁명의 새로운 맥락을 연구해온 백승욱 선생님 등이 전리군 선생님과 진지하고 열띤 토론을 벌였다. 연광석 선생은 집담회의 사회를 맡아 회의 전체를 조율했고, 중국의 발전 모델과 민주주의 문제를 주로 연구해온 필자도 말석에 앉아 토론에 참여했다.

집담회는 매우 열띠고 흥미진진했다. 전리군 선생님은 집담회에서 모택동주의(마오쩌둥주의)의 해방적 성격과 억압적 성격을 동시에 보여주면서 중국이 모택동주의가 가져온 재앙의 역사적 유산과 결별할 것을 요구했다. 그는 또한 등소평(鄧小平, 덩샤오핑)의 개혁개방 체제가 일당 지배의 기반 위에서 확대된 중국의 신자유주의 체제임을 숨기지 않았다. 무엇보다도 '민간의 시좌(視座)'에서 중국의 당대 모순, 나아가 동아시아의 문제를 해결해나갈 것을 주문했다. 이는 모택동의 '대중독재'와는 다른 길이며 등소평의 '개발독재'와도 다른 길이다.

이러한 시각은 사실 오늘날 중국을 이야기해온 모든 사람을 불편하게 만들지도 모르겠다. 개혁개방 이후 등소평이 주도한 초고속 경제성장을 찬양해온 사람들에게도, 개혁개방 이전 모택동의 사회주의 체제를 흠모해온 사람들에게도 전리군 선생님의 외침은 환영받지 못할 수 있다. 오늘날의 조악한 사회주의 시장경제가 개혁을 거듭하면 인류가 가보지 못한 새로운 길을 갑자기 열 수 있으리란 새로운 상상을 무참히 무너뜨릴 수도 있다.

그럼에도 전리군 선생님의 말씀에 집담회의 토론자와 청중은 이구동성으로 큰 감동을 받았다고 했다. 선생님의 말씀은 중국 현대사에서 사회주의와 자본주의의 이분법 속에 배제되었던 '민주주의'의 문제를 철저하게 드러내기 때문이었을 것이다. 필자에게 그의 외침은 중국, 나아가 동아시아의 '민(民)'을 자유로운 역사 주체로서 불러내기 위한 주문 같은 것이었다. 그리고 어느 세력에도 기대지 않고 모로 서는 한이 있더라도 혼신의 힘을 다해 철저하게 깨어 있고자 하는 한 비판적 지식인의 모습을 보았다.

따라서 이 집담회의 가치는 매우 크다고 감히 말할 수 있다. 이 집담회가 중국의 현실을 타산지석으로 삼아 한국의 오늘을 파악하고, 더 나아가 정치적으로나 경제적으로도 민주적인 동아시아의 미래를 구상하고 준비하는 첫걸음이 될 수 있을 것이기 때문이다. 그래서 우리는 집담회를 통한 전리군 선생님과의 대화를 책으로 출간하기로 결정했다.

끝으로 이 책이 나오기까지의 과정을 간단히 설명해야 할 것 같다. 우리는 짧은 집담회 시간을 최대한 활용하기 위해 사전에 토론자들의 질문을 전리군 선생님께 보내 미리 답변을 준비해 오실 수 있도록 했다. 집담회에서는 토론자들이 간단히 질문 요점을 전달하고 그에 대해 전리군 선생님이 답변을 했는데 모두 중국어로 진행되었다.

이렇게 주고받은 대화를 녹취해 정리한 후 다시 전리군 선생님께 보냈고, 집담회에서 한 답변보다 두 배 이상 수정·증보된 내용을 받을 수 있었다. 이것을 다시 번역하고 전리군 선생님의 답변을 중심으로 토론자들의 질문을 재배치해서 지금과 같은 구성을 갖추었다.

그리고 독자들의 이해를 돕기 위해 전리군 선생님을 소개하는 글이 책 앞에 들어가면 좋겠다고 의논하던 중에 선생님께서 2010년 12월 중국 인민대학 문학원 대학원생 좌담회에서 발표한 「꿈과 같은 인생(人生如夢)」을 번역해서 넣어도 좋다고 허락했다. 전리군의 인생과 사상을 조명하는 데 이보다 적합한 글도 없으리라고 본다. 전리군 선생님은 여기에 그치지 않고 집담회 후기까지 따로 보내주었다. 우리는 그 후기를 통해 선생님이 한국

학자들과의 교류를 얼마나 소중히 여기며 거기에 얼마만큼 중요한 의미를 부여하는지 느낄 수 있었다.

녹취부터 번역, 전리군 선생님과의 이메일 연락, 다시 번역, 그리고 재구성과 소제목을 붙이는 일은 모두 연광석 선생이 작업했다.

책 뒤에는 대만의 ≪인간사상(人間思想)≫에 발표된 「전리군의 '다르게 쓴 역사'」(연광석, 2013)의 축약 번역본을 실었다. 이 글은 기존의 틀에서 다소간 왜곡되어 독해될 수 있는 『모택동 시대와 포스트 모택동 시대 1949~2009』의 진정한 의의를 밝히려는 목적에서 쓰인 것이다. 독자들은 이 글을 통해서 전리군의 학술적 성과가 『모택동 시대와 포스트 모택동 시대 1949~2009』의 '다르게 쓴 역사'라는 독특한 형식 속에 어떻게 표현되었는지 알 수 있을 것이다.

이 책의 출간은 무엇보다도 도서출판 한울의 김종수 사장님의 지원과 직원들의 세심한 도움으로 이루어졌다. 그럼에도 무엇인가 부족한 점이 혹 있다면 엮은이를 대표한 필자의 책임이다. 엮은이의 게으름을 참고 오랫동안 기다려주신 전리군 선생님, 토론에 참여해주신 여러 선생님과 도서출판 한울의 모든 분께 진심으로 감사드린다.

비판이란 '특정 논리에 구속되지 않을 자유를 표현하는 것'이라고 했다. 중국과 동아시아의 현실에 대한 비판적 지식인들의 자유로운 비판이 층층이 쌓이면 결국 모든 사람이 더욱 진심으로 존중하는 세상이 열릴 것이라고 믿는다.

엮은이를 대표해서

이홍규

■ 차 례

꿈과 같은 인생

내가 걸어온 길을 결산하며

전리군

연광석 옮김

■

■

■

■

■

이 글은 2010년 12월 17일

중국 인민대학 문학원 대학원생 좌담회에서

발표 후 많은 내용을 보충한 것이다.

| 전리군

"인생은 부단히 꿈을 꾸고, 또 꿈을 현실로
전화하는 역사적 과정입니다."

사회자가 나의 인생 경험과 교학(敎學)의 경험을 이야기해달라고
했는데, 이 기회를 통해 내가 걸어온 길을 회고해보고자 합니다.
먼저 생각나는 것은 "인생은 꿈과 같다(人生如夢)"는 성어입니다.
그 속의 허무적인 색채를 제거하면, 이 말로 확실히 나의 인생을
개괄할 수 있습니다. 이는 부단히 꿈을 꾸고, 또 꿈을 현실로 전
화(轉化)하는 역사적 과정입니다.

　나는 아주 많은 곳에서 대학 시기의 나에게, 나아가 우리 세대
의 문학청년에게 아주 큰 영향을 준 러시아 문예이론가이자 교
육가 벨린스키(Vissarion Grigorievich Belinski, 1811~1848)의 관점을

이야기한 바 있습니다. 즉, 인간의 일생은 크게 세 단계로 나뉩니다. 소학교에서 대학, 나아가 대학원생 시절까지는 모두 '꿈을 꾸는' 시절입니다. 학교를 졸업하고 사회에 나오면 곧 '꿈과 현실' 사이의 거대한 모순에 직면하게 됩니다. 어떻게 현실에 적응하고 또 자신의 꿈속 이상을 견지할 것인가가 청년 및 중년 단계 인생의 가장 큰 과제입니다. 노년에 이르면 더 높은 차원에서 '꿈꾸는' 시절로 되돌아갑니다. 이른바 '노인에서 소년으로 되돌아간다'는 말이 주로 가리키는 것이 이것입니다. 내가 가장 기쁘고 다행이라 느끼는 것은 나의 '인생 3부작'이 비교적 온전하고 충실하다는 점입니다. 학생 시기에 최대한으로 꿈을 꾸었고, 일을 하면서부터는 현실과 꿈의 모순이 매우 첨예했으며, 만년에 최대한으로 꿈을 꾸었지만 그 실현에는 매우 침착하기도 했습니다. 이것이 바로 나의 기본적인 인생과 교학의 경험이라 할 수 있을 것입니다.

우선 내가 소학교, 중학교,* 대학교 시절에 어떤 꿈을 꾸었는지 이야기해봅시다. 그리고 어떻게 일생을 노력해 이 꿈을 실현하고자 했는지, 혹은 이러한 꿈과 그 후 오늘까지의 사람됨과 교

---

* 중국어의 '중학(中學)'은 중등교육과정에 해당하며, 따라서 한국의 '중학교'와 '고등학교'의 통칭으로 쓰인다.

학은 어떤 관련을 맺는지 이야기해봅시다.

현재 남아 있는 유년 시절의 문자 기록 중 최초로 활자화되어 공개된 글 한 편이 있습니다. 제목은 "만약에 나에게 두 날개가 생긴다면"이고, 1948년 9월 25일 ≪중앙일보/아동주간≫에 실렸습니다. 당시 나는 중앙대학부속소학교의 5학년이었습니다. 아마도 이 작문이 선생님의 마음에 들어 그분의 추천으로 발표된 것 같습니다. 글은 아주 짧습니다. 여기에서 한번 읽어봐도 무방할 것 같네요.

만약에 나에게 두 날개가 생긴다면, 나는 반드시 히말라야 최고 봉우리에 날아오를 것이고, 전 중국의 아름다운 경치를 바라볼 거야. 띠처럼 이어진 강물, 세계에서 가장 긴 장성, 북평(北平)*의 각종 고적과 고대 건축, 와자지껄한 상해, 풍경이 아름다운 청도(青島). 그날에 나는 얼마나 즐거울까.

만약에 나에게 두 날개가 생기다면, 나는 하늘로 날아올라 작은 새들, 나비들과 춤을 추겠어. 하얀 구름과 달리기 경주를 하고, 하늘의 빛나는 별들을 세어보고, 달나라의 상아(嫦娥)도 만나보고, 백설과 같은 옥토끼와도 놀아볼 거야.

---

*   북경의 옛 이름.

그런데 나는 날개가 없구나. 만약 나에게 날개가 생긴다면, 얼마나 재미있을까.

오늘에 와서 다시 보면, "히말라야에 날아오른다"는 첫 번째 꿈은 대략 세 가지 측면의 의미가 있습니다.

첫째, 여행의 꿈입니다. 나와 친한 친구들은 잘 알 것입니다. 내 취미 생활이 바로 여행입니다. 한평생 최대의 염원이 전 중국, 전 세계를 돌아보는 것입니다. 아홉 살(1948년)에 히말라야를 유람하는 꿈을 꾸고, 열일곱 살(1956년)에 "재주를 넘어 시애틀에 간다"는 시구를 쓰기도 했습니다. 이는 분명 소년의 호기심을 표현한 것이고 지구의 다른 한쪽에 있는 미국에 가고 싶어 했던 것이었지, 어떤 이데올로기적 기대는 없었습니다.

그런데 '문화대혁명(문혁)' 중에 이 시가 발각되어, 내가 "미 제국주의에 투항하려" 한다는 "죄증"이 되었습니다. 참으로 이해할 수 없습니다. 사실 내가 20대였던 1960년대에 나는 한 친구에게 언젠가 유럽 여행을 갈 날이 있을 거라 믿어 의심치 않는다고 말한 적이 있습니다. 그 쇄국 시절에 매우 상식에 벗어나 대담한 꿈을 꾼 것입니다. 다행히 이 말은 문혁 중에 적발되지 않았습니다. 그렇지 않았다면, 간단치 않은 일이 있었을 거예요. 이러한 여행의 꿈은 퇴임 후에 실현되었습니다. 2003년에 '유럽 낭만 여

꿈과 같은 인생 |

행'을 떠나서 아테네, 폼페이 고적, 베네치아, 로마, 빈, 파리 등 청소년 시절 문학작품 속에서 꿈꾸듯 유람했던 곳을 둘러보았습니다. 2005년에는 '극한에 도전하는 여행'으로 티베트에 갔습니다. 2007년에는 '바다 건너 동쪽으로' 미국에 갔고, 2008년에는 알래스카로 '휴양 여행'을 가는 중에 결국 시애틀에도 갔습니다.

이 밖에도 러시아, 이집트, 일본 등 과거 꿈속의 고향에 갔습니다. 이렇게 현실 공간에 도착할 때마다 나는 오히려 꿈을 꾸는 것 같은 느낌입니다. 왜냐하면 지불해야 할 대가가 적지 않아 이렇게 다니는 것이 어렵기 때문입니다. 여행의 꿈은 지금도 아직 끝나지 않았습니다. 나는 인도, 이스라엘, 이라크, 남미, 호주 등을 가보려고 계획하고 있어요. 정말로 세계 '오대주'를 다 둘러보려는 것입니다. 이 꿈을 이루면, 정말 이 세상에 헛걸음한 것은 아닌 셈입니다.

매번 여행할 때 꼭 사진을 찍는 게 나의 두 번째 취미입니다. 이는 사실 '히말라야의 꿈'의 두 번째 함의입니다. 이것이 보여주는 것은 '대자연'에 대한 동경의 마음입니다. 이를 증명할 것이 한 가지 있는데요. 여행이라고 하더라도 나는 줄곧 인문경관에는 별 관심이 없었습니다. 나는 늘 거기에 인공적인 허구적 요소가 너무 많다고 느낍니다. 정말 내 마음을 취하게 하는 것은 본모습 그대로의 대자연입니다. 그래서 하나의 기본 이념이 만들어졌는데요, "사람은 자연 속에 있는 것이 가장 좋은 삶의 존재 방식"이며, "유람 중 촬영"을 통해 자신의 존재와 언어 방식을 찾아낸다는 것입니다. 그래서 '나와 촬영'이라는 사고와 다음과 같은 설명을 얻었지요.

매번 여행을 할 때 나는 기록을 문자로 남기지 않는다. 한 번도 여행기를 써본 적이 없다. 처음에는 스스로의 문장 능력이 부족하다고 생각했는데, 자세히 생각해보니 그건 한 측면에 지나지 않았다. 더욱 깊은 층위에 있는 문제는 풍경을 포함한 자연이 아무래도 언어와 문자로 표현할 수 있는 것이 아니라는 데 있다. 언어·문자는 인간의 사유와 표현의 도구일 뿐이지, 자연 앞에서 매우 무기력하다.

솔직히 말해서, 대자연을 마주하면 나는 늘 인간이라는 데 열등감을 느낀다. 대자연의 기관(奇觀)에 나는 영혼의 경탄을 경험하는데, 이는 말로 표현할 수 있는 것이 아니다.

바로 이 점이 촬영의 힘과 작용을 보여준다. 이른바 촬영은 본질적으로 인간과 자연 사이에 영혼의 감응이 발생하는 그 순간의 정지화면이며, 나는 이를 '순간의 영원'이라고 부르기를 좋아한다. 그것이 전달하는 것은 직관적이고 본능적인 감응(그래서 나는 '멍텅구리 카메라'를 고집하고, 촬영 기술의 개입에 반대한다)이고, 매우

꿈과 같은 인생

강력한 직관성이 있어 원래의 살아 있는 형태의 풍부성과 언어의 표현불가능성을 보존한다. 이는 곧 언어나 문자가 다다를 수 없는 것이다. 촬영이 전달하는 것은 인간과 자연의 어떤 인연이며, 촬영자는 늘 조금만 늦어도 사라지는 그 순간을 잡지 못해 아쉬움을 느낀다. 이는 실제로 인연을 놓쳤거나, 또는 본래 인연이 없었음을 의미한다.

그래서 나의 표현은 자연스럽게 다음과 같은 분업 형태를 취한다. 문자로 쓴 글과 저작은 나와 사회, 인생, 인간의 관계를 표현하고, 나와 자연의 관계는 촬영 작품으로 표현한다.

나는 늘 학생 및 친구 들에게 내 창작에서 촬영 작품이 차지하는 중요성을 이야기한다. 심지어 촬영 작품이 학술 저작의 가치보다 더 중요하다고 이야기하는데, 이는 사실 농담인 것만은 아니다.

오늘, 여러분들과 이야기하며 우선 강조하려는 것은 촬영 작품이 내게 갖는 의미입니다. 적어도 나와 내 학술적 글과 저작 속에 내재하는 것을 이해하기 위해서는 글과 저작만으로는 부족하다고 말씀드릴 수 있습니다.

이야기를 하나 하지요. 나와 처음 만난 한국 친구가 놀랍다는 얼굴색으로 말하길, '당신의 책을 읽으며, 이토록 우국우민(憂國憂民)하니 이 사람은 아주 마르고 수심이 가득한 얼굴일 것'이라 생각했는데, 만나보니 이렇게 달관한 모습, 즉 "미륵불"과 같은 모습임을 비로소 알게 되었다고 한 적이 있습니다. 나는 그에게 그건 당신이 내 촬영 작품을 보지 못했기 때문이라고 말해줬지요. 이 때문에 나는 지금 친구나 학생이 찾아오면 먼저 최근의 촬영 작품을 보여줍니다. 예를 들어 나는 2년 동안 내가 사는 마을의 1년 사계절의 풍경을 모두 찍어놨습니다. 이를 간단히 '춘록(春綠)', '남하(藍夏)', '추황(秋黃)', '은동(銀冬)'이라고 이름을 붙였습니다. 화면의 색채는 모두 매우 화려하고 농후하며, 그것이 드러내는 것은 노년의 영혼에 다다를수록 더욱 찬란해지는 나의 한 측면입니다. 이는 같은 시기에 문자로서 표현한 걱정이나 심각함과는 서로 다른 방향에서 형성된 것이고, 동시에 서로 보충하고 제약하는 것이기도 합니다.

더욱 중요한 것은 이를 통해 얻는 자신에 대한 심화된 인식입니다. 나는 본성적으로 대자연을 더 친근하게 느낍니다. 대자연 속에서 나는 비로소 자유와 자재(自在), 편안함을 느끼고, 반대로 사람들 속에서는 늘 어울리지 못한다고 느낍니다. 생활 속에서 아주 큰 난제나 근심거리를 만나도 대자연의 품으로 돌아가면 모든 것이 자연스럽게 풀리고 화해를 얻습니다. 대자연은 내 삶의 버팀목이 되는데, 나이를 들수록 더 그렇습니다. 아마도 내 마음속 깊은 곳에 '자연 숭배'의 콤플렉스가 있고, 이와 관련된 어린아이 숭배가 있음을 인정합니다. 사실 이는 모두 '5·4운동'으로부터 유래하는 것이고, 본질적으로 나 자신은 '5·4'의 자식입니다. 이는 나의 주체 정신과 연구 대상으로서의 '5·4'가 연 신문학 사이에 모종의 상통하는 것이 존재함을 의미합니다. 곧 나의 학술적 글과 저작의 바탕이라고 할 수 있을 것입니다.

'유년의 꿈'의 세 번째 측면은 미지의 신비로운 먼 세계에 대한 호기심입니다. 이 때문에 히말라야를 꿈꾸며 유람하는 것 외에 달을 꿈꾸며 유람하고자 합니다. 이러한 호기심은 내 일생을 지배했습니다. 고등학교 졸업식 때, 나는 공부에 대한 내 경험을 보고했습니다. 공부에서 가장 중요한 것은 탐험, 즉 부단히 신대륙을 발견하는 과정으로서 호기심을 느껴야 하고, 어떤 기대감, 심지어 신비감을 품고 수업에 임해야 한다는 내용입니다. 이는 나의 독립적인 공부관이자 독서관입니다. 나중에는 연구관, 학술 연구 작업에 대한 기본적인 이해와 신념으로 발전했습니다. 여기에 세 개의 키워드가 있습니다.

첫째는 '호기심'입니다. 학술 연구가 대면하는 것은 늘 미지의 세계입니다. 이에 대한 기대와 호기심이 충만하면 곧 창조적인 학습과 연구의 원동력이 됩니다. 나는 평생 노신(魯迅, 루쉰)을 연구했습니다만, 노신의 어떤 세계는 늘 부단히 탐색해야 하는 미지의 것으로 느껴지며, 끝까지 없어지지 않을 '노신 수수께끼'를 마주해 영원히 연구하고 탐구하려는 욕망을 느끼게 됩니다. 이것이 바로 노신 연구의 매력이라고 생각합니다. 나는 지금 모택동을 연구하고 공화국의 역사를 연구하는데, 연구 동력은 앞에서 있는 '모택동 수수께끼'와 '중국 수수께끼'가 내가 가서 그것을 풀어주기를 기다리고 있다는 데서 옵니다. 나로서는 이 수수께끼들을 영원히 풀 수 없다는 것을 잘 알면서도, 그 푸는 과정에 참여하는 것 자체만으로도 소원을 성취한 셈입니다. 물론 내 나름의 공헌을 한다면 더할 나위 없겠지요.

이렇게 두 번째 키워드인 '발견'에 다다랐네요. 학술 연구의 최대 가치와 의의는 미지의 연구 대상에 대한 독자적 발견에 있습니다. 이러한 발견은 클 수도 있고 작을 수도 있지만, 반드시 있어야 하는 것입니다. 만약 다른 사람의 발견을 반복하기만 한다면 글이 얼마나 길고 화려하고 주석이 상세하든지 간에 거의 의미 없는 글이 됩니다. 학술적 쓰레기를 만들어낼 뿐이지요. 부단히 발견해야만 학술 연구의 신선한 느낌을 유지할 수 있는데, 나는 이를 '여명의 느낌'이라고 부릅니다. 매일, 매 연구가 모두 하나의 시작입니다. 늘 아주 호기심 많은 눈으로 새로운 세계를 발견합니다. 이는 자신의 삶과 학술적 삶의 새로운 상태에 놓여 있음을 말하는데, 바로 사람됨과 학문함에서 가장 얻기 어려운 '영아(嬰兒) 상태'입니다. 나는 지금까지 다음과 같은 습관을 유지해왔습니다. 매일 아침 일어나서 30분 동안 침대에서 오늘은 어떤 신선한 일을 할 것인지, 어떤 새로운 과제를 연구할지 생각합니다. 그렇게 생각하면 흥분되어 곧장 일어나 새로운 하루, 새로운 생활에 몰입합니다.

이렇게 해서 세 번째 키워드인 '쾌락'에 다다릅니다. 여러분은 내가 입버릇처럼 '재미있다(好玩)'라고 말하는 것을 알 것입니다. 이러한 재미있는 느낌은 끊임없는 발견이 가져오는, 말로 표현할 수 없는 즐거움·만족감·충만감입니다. 사실 학술 연구와 모든 창조적 작업의 진정한 가치도 여기에 있습니다. 연구 또는 기타 작업을 통해서 자기 삶의 어떤 의미와 가치를 창조해내고, 그로부터 쾌락을 얻는 것입니다. 나는 늘 학술 연구가 먼저 나 자신을 위한 것이라고 하는데, 그 이유가 바로 여기에 있습니다. 연구자에게 가장 중요한 덕목은 학술 연구를 통해서 자기 삶의 의미를 창조하는 능력입니다. 그렇게 해서 학술 연구를 진정으로 사랑하게 됩니다. 이는 영원히 마르지 않는 사랑입니다.

내 유년 시절의 꿈에 대한 이야기가 너무 길었습니다. 여기서 매듭을 짓고요, 두 번째 꿈인 '교사의 꿈'에 대해서 이야기해봅시다. 소학교 6학년 때인데, 이미 공화국이 성립된 이후입니다. 당시 국어를 가르치던 오형(吳馨) 선생님과 미술을 가르치던 양굉의(楊宏毅) 선생님이 함께 "나는 커서 무엇이 될까"라는 게시판을 설치했고, 거기에 그림과 글로 다채롭게 여러 직업을 표시했습니다. 해방군·노동자·농민·과학자·교사 등이 있었고, 학생들에게 해당하는 그림 아래 이름을 적으라고 했습니다. 나와, 당시 친하게 지내던 여학생은 '교사'란에 이름을 신중하게 적어 넣었습니다. 이러한 선택을 한 데에는 오형 선생님에 대한 존경 외에도, 우리 학교가 도행지(陶行知) 선생님과 진학금(陳鶴琴) 선생님의 교육 사상의 영향으로 '어린이 선생님 학교'를 열어 내가 학교의 교장으로 임명되었기 때문이기도 합니다. 그때 나는 겨우 열 살이었는데, '학생'들에게 '전 선생님'으로 불렸습니다.

이러한 교사의 꿈 역시 한평생에 걸친 것입니다. 1960년부터 1978년까지 18년간 귀주(貴州, 구이저우)에서 중등전문학교*의 국어 교사를 맡았고, 1981년부터 2002년까지 21년간 북경대학에서 교사 생활을 했습니다. 2002년 퇴임 이후에는 다시 중학교에 선택과목을 개설해서, 지금까지 대략 40년 동안 교사를 했습니다. 교사의 꿈을 정말 최대한으로 이루었다고 할 수 있습니다. 나는 교사로서의 전리군이 학자로서의 전리군보다 더욱 중요하다고 결론 내린 바 있습니다. 이는 내가 본질적으로 교사라는 것을 강조하는 뜻입니다. 나의 수필 가운데 「인간의 우환(人之患)」

---

* 중졸 및 고졸 학력의 학생을 대상으로 실무교육을 진행하는 교육기관.

꿈과 같은 인생 |

이 있는데, '사람의 스승이 되길 좋아하는' 내 오랜 습관을 이야기한 것입니다. 나는 어떤 경우에도 학생을 떠나지 못하고, 청년을 떠나지 못합니다. 2009년 대만에서 강의할 때, 첫 수업에서 스스로를 소개하면서 "나는 1939년에 태어났고, 대륙의 화법으로 말하면 '30후(後)'*에 속하는 세대이며, 내 인생에 가장 큰 성공이자 스스로 가장 자부하는 것은 내가 대륙의 '40후', '50후', '60후', '70후', '80후', '90후' 등 여섯 세대의 사람들과 정도는 다르지만 정신적 연계를 유지했다는 점인데, 지금 대학에서 강의를 하면서 대만의 청년들과도 이러한 정신적 연계를 만들 수 있기를 희망한다"고 말했습니다. 나중에 이 목적도 달성되었습니다. 바로 어제 나는 대만 학생의 이메일을 받았는데, "전 선생님, 우리는 당신이 너무 그립습니다"라고 말하더군요. 이 한마디로 충분합니다. 인생·치학(治學)·교학의 의의와 가치는 모두 여기에 있는 것입니다.

교사의 일은 그 자체로 큰 가치가 있지만(이러한 가치는 아무리 높이 평가해도 지나치지 않다), 나의 학술 작업에도 중요한 의의를 갖습니다. 자세히 분석해보면 대략 세 가지 측면이 있습니다. 먼

---

* 중국식 세대 구분 표현 방식으로, 예를 들어 '80후'는 '1980년대'에 태어난 세대를 말한다.

저 청년 학생은 학술 연구의 주요 가상(假想) 대상입니다. 다시 말해서 새롭게 완성된 모택동과 공화국의 역사에 대한 연구 저작*을 포함해서 내 모든 학술 저작은 우선적으로 대륙의 젊은 세대를 대상으로 쓴 것입니다. 더욱 중요한 것은 젊은 세대가 단순한 독자를 넘어 연구의 참여자이기도 하다는 점입니다. 사람들은 내 연구 저작이 대부분 대학에서의 강의 원고를 정리해서 완성되었음을 쉽게 알아챌 것입니다.

사실 나는 연구 단계, 강의 준비 시기에 의식적으로 학생과 젊은이의 참여를 이끕니다. 나는 내 연구 저작이 거실에서 젊은이들과 함께 [수다를 ― 옮긴이] "늘어놓은[吹]" 것이라 말한 바 있습니다. 나는 새로운 생각이 있을 때마다 방문하는 학생들 및 청년 친구들과 먼저 이야기하고 토론합니다. 이렇게 계속된 이야기와 토론을 통해 문제에 대한 사고가 점차 깊어지면서 명확해지고, 토론이 성숙되면 강의 원고로 써서 수업 중에 공개적으로 발표합니다. 그리고 다시 학생들의 반응에 근거해서 강의 원고를 글로 정리합니다. 정리하는 가운데에도 끊임없이 수업 중 학생들의 토론 또는 과제를 통해 제출된 새로운 견해를 적극적으로 수

---

* 대만에서 출간된 『毛澤東時代和後毛澤東時代(1949~2009): 另一種歷史書寫(上/下)』(台北: 聯經, 2012)를 말하며, 한국어판은 『모택동 시대와 포스트 모택동 시대 1949~2009: 다르게 쓴 역사』(상/하)(연광석 옮김, 한울, 2012)이다.

용합니다. 한 연구자는 나의 저작, 특히 초기 저작 중에 전문가나 학자의 의견은 그다지 인용하지 않고 학생들의 고견을 대량으로 인용한다며 주목하기도 했습니다─이는 다른 측면에서 나의 학술적 준비가 부족하다는 약점을 드러냅니다─. 이런 의미에서 문제에 대한 청년 세대의 관심·제기·사고는 모두 학술 연구의 중요한 자원이자 참고가 됩니다. 이는 내 학술 저작이 줄곧 중국 젊은이들, 나아가 그들이 생활하는 시대, 사조와 밀접한 정신적 연계를 유지할 수 있었던 중요한 원인일 것입니다. 내 학술 연구의 생명력이 여기에 있기도 하고요.

학생 및 청년 세대와의 긴밀한 관계는 나의 학술적 풍격(風格)과 격식에 깊은 영향을 줬습니다. 이 역시 나의 학술관·집필관이라 할 수 있습니다. 학술 연구와 학술 저작의 집필은 독자, 특히 나에게는 청년 독자와 '영혼의 대화와 교류'를 진행하는 것입니다. 대화와 교류에 도움이 되도록 나는 의식적으로 솔직하고, 진솔하며, 유창하고, 대중적으로 알기 쉬운 글쓰기 형식을 추구하고, 나의 정감을 집어넣어서 자신의 마음을 내놓는데, 이는 이성만이 아니라 정감을 통해 설득하는 것이라 할 수 있습니다. 이역시 문체의 선택과 창조의 일종입니다. 나는 스스로가 학술 문체의 문제를 매우 중시한다는 이야기를 여러 번 했습니다. 이 문제에 대해 수십 년간 탐색해왔다고 할 수 있습니다. 특히 퇴임 이후에 현행 학술 체제의 제약에서 벗어나서 더욱 의식적으로 '강의식·강연풍·한담풍·수필풍'의 학술 저작의 문체를 창조하고자 했습니다. 그 요점은 연구 성과를 발표할 뿐만 아니라 연구 과정을 드러내 독자와 청중에게 내 연구 속의 곤혹, 모순, 해결할 수 없는 문제를 여실히 진술하는 것입니다. 객관적 역사 서술 속에 때때로 자신의 이야기·경험·체험·사고를 삽입하고, 주관·객관의 융합을 추구하는 것입니다. 집필에서 서술과 의론의 결합, 묘사와 서정의 결합을 의식적으로 추구하고, 논술의 주선율을 놓지 않으면서도 수시로 범위를 확대해 자유롭게 응용하고, 다시 시의적절하게 수습하며, 완급과 진퇴를 자유자재로 할 수 있도록 노력합니다. 결국 중시하고 추구하는 것은 사고의 자유, 표현의 자유, 교류와 토론의 자유이지, 규범에 부합하는지의 여부나 '학술 저작'처럼 보이는지가 아닙니다.

교사와 꿈이 학술 작업에 준 영향의 세 번째 측면은 내가 의식적으로 양자의 일치를 추구해, 학술 연구의 성과를 교육 자원으로 전화하고자 노력한 점입니다. 이 때문에 상당한 정력을 쏟아 학술의 보급 작업에 종사했고, 심지어 일정 시기에는 이것이 주요 작업이 되기도 했습니다. 수많은 친구들이 이를 주목하기도 했습니다. 나는 노신 사상과 문학의 보급과 관련해서 충분한 시간을 들여 진력했다고 할 수 있습니다. 이는 나의 노신 연구의

꿈과 같은 인생 |

중요한 특색을 구성하고 있습니다. 나는 대학, 중학, 공장, 공공도서관 등 가능한 모든 곳에 가서 노신을 이야기했고, '노신 독본' 시리즈를 편집·출판했습니다. 『소학생노신독본(小學生魯迅讀本)』, 『중학생노신독본(中學生魯迅讀本)』, 『전리군, 중학교에서 노신을 이야기하다(錢理群中學講魯迅)』, 그리고 대학생이 읽는 『노신 작품 15강(魯迅作品十五講)』, 대학원생의 학습에 참고가 되는 『노신과 만나다(與魯迅相遇)』, 나아가 사회 속의 노신 애호가를 위해 쓴 『노신 9강(魯迅九講)』 등이 있습니다.

나의 목적은 생애 발달 단계가 서로 다른 사람들이 각각 '노신과 만나는' 기회를 갖도록 하는 것입니다. 나는 노신을 보급하는 작업을 민족정신의 기본 건설 작업으로 삼아 추진했다고 말한 바 있습니다. 나는 학술·교육의 신성함을 마음 깊이 품고 이 모든 작업을 했습니다. 시류에 맞지 않음을 명확히 알고 있었지만, 의연하게 하고자 했습니다. 근래 수년 동안 나는 초중등 교육개혁에 관심을 갖고 참여했는데, 그 가운데 가장 중요한 측면이 바로 나의 전공 연구 대상인 현대문학의 자원을 교육 자원으로 전화하는 것이었습니다. 나는 『신어문독본(新語文讀本)』을 엮어 냈고, 올해에는 『소학생문학명가독본(小學生文學名家讀本)』을 엮었습니다. 이 책들은 현대문학의 경전을 아이들의 정신, 언어 세계에 진입시키려는 실험입니다. 내가 보기에 '학술과 교육의 결합'

은 진정 자신의 학술 영역과 교육 작업을 사랑하고, 또 사회적 책임감이 있는 학자, 교사가 마땅히 져야 할 책임입니다. 나 역시 이 작업에서 삶의 의미와 쾌락을 얻었습니다.

중학교 시절에 나는 '문학의 꿈'을 꾸기 시작했습니다. 이는 대략 그때에 상당량의 문학작품을 읽고 스스로 작문을 시작했던 것과 직접적으로 연관됩니다. 당시 나는 학교에서 공인된 '어린 작가'였습니다. 시가, 연극, 소설, 신화 고사, 영화 극본, 나아가 쾌판(快板),* 만담(相聲) 등 가리지 않고 닥치는 대로 썼습니다. 그래서 고등학교 졸업 때 나는 전교 연설대회에서 「나의 아동문학가의 꿈」이라는 연설을 해서 1등을 차지했습니다. 아동문학가를 선택한 것은 당시 내가 소련의 아동문학가 가이다르(Arkady Gaidar, 1904~1941)의 영향을 받았기 때문입니다. 그가 쓴 『티무르(Timur)와 그의 동료』는 1950년대 중국 중학교의 교정을 풍미한 바 있습니다. 나는 처음으로 「가이다르의 창작 노선을 논함」이라는 1만 자에 달하는 장문의 평론을 쓰기도 했습니다. 엄격히 말해서 그저 독서 감상문에 불과했지만, 1만 자의 글은 내 생애 처음이었습니다. 바로 이와 같은 '문학의 꿈' 때문에 나는 대학

----

* 중국 민간 예능의 일종으로, 대나무로 만든 타악기의 다소 빠른 리듬에 맞춰 구전 가사에 대사를 섞어 노래한다.

입학 지원 시에 '북경대학 중문과 신문전공'을 선택했습니다. 졸업 이후에 《중국소년보》의 기자가 되어서 생활 경험이 축적된 후에(이는 1950년대 주류 문학관이었는데, 문학 창작의 기초와 전제는 생활 경험의 축적이라고 보았다) 아동문학을 창작할 수 있고 자신의 문학의 꿈을 실현할 수 있을 거라 희망했습니다. 그러나 대학에 입학한 지 얼마 되지 않아 나는 자신이 사람들과 잘 사귀는 사람이 아니며, 기자를 하기에 전혀 어울리지 않음을 알게 되었습니다. 게다가 생활의 세밀한 지점에 대한 민감성과 기억력이 부족해서 작가가 되기에 적합하지 않음도 알게 되었습니다.

사실 대학 시절에 나는 적지 않은 시를 썼습니다. 그러나 당시 소련의 유명한 시인 이사콥스키(Mikhail Isakovsky, 1900~1973)의 관점에 크게 영향을 받았습니다. 이사콥스키는 시인이 될 수 있는지는 스스로에게 물어봐야 한다고 했습니다. '만약 시인의 감각을 늘 갖고 있지 않으면 시인이 될 수 없다'고 말이지요. 그리고 나는 마침 시인의 감각을 갖지 못했고, 시를 쓸 때 늘 마음속의 '시'와 거리가 아주 멀다고 느꼈습니다. 한번은 친구가 내가 쓴 시를 그가 아는 잡지의 편집자에게 보냈고, 그 편집자가 발표할 만하다고 했는데 내가 거절하기도 했습니다. 나중에 또 이 친구의 종용으로 시 원고를 내가 가장 존경하는 시인 애청(艾青, 아이칭, 1910~1996)에게 보냈는데, 당연히도 감감무소식이었습니다.

그래서 스스로 시인이 될 수 없다고 더욱 느끼게 되었지요. 이러한 자기질문의 과정 속에서 문학의 꿈 역시 스스로 종결되었습니다.

대학을 졸업한 후 나는 귀주에서 교편을 잡았는데, 그때도 잠시 동안 시를 쓰는 고조기가 있었습니다. 그러나 이미 의식적으로 취미 삼아 쓴 것이었지요. 게다가 이러한 시들을 여러 색의 필사본에 따로 적어 넣으면서, '홍색 시', '황색 시', '흑색 시' 등으로 분류했다가 '문혁' 때 재난적인 화를 입을 뻔했고, 그 후로는 다시 감히 시를 쓰지 않게 되었습니다. 그러나 나는 지금까지도 시가에 대한 일종의 형용하기 어려운 동경과 신비감을 여전히 느끼고 있습니다. 고집스러울 정도로 시는 느낄 수 있을 뿐 해독할 수 없는 것이라고 생각합니다. 『현대문학 30년』을 쓸 때 어쩔 수 없이 신시에 대한 장을 쓰긴 했지만, 현대문학을 연구할 때도 신시 연구를 중점으로 삼지 않고 최대한 시가 교육에 집중했습니다. 몇 년 전에 홍자성(洪子誠, 홍쯔청, 1939~) 선생과 함께 여섯 권으로 구성된 『시가독본』을 주편한 것은 나의 중학 및 대학 시절의 문학의 꿈에 대한 먼 응답이었다 할 수 있습니다.

그러나 다른 측면에서 보면 대학 2학년부터 '학자의 꿈'을 꾸기 시작했지만 문학을 떠나지는 않았습니다. 내 생각에 학술과 문학은 본질적으로 동일합니다. 모두가 인간이라는 생명체의 창

꿈과 같은 인생

조물이고, 똑같이 학자와 작가의 주체가 삼투될 것을 강조합니다. 모두 느끼고 깨닫는 능력과 상상력의 작용을 중시합니다. 물론 이런 생각은 줄곧 일부 학자들의 질의를 받아왔습니다. 그들은 학자의 주체적 개입과 학술적 상상력이 학술의 '객관성'과 '과학성'을 방해한다고 생각합니다. 이와 관련한 논쟁에 관해 『나의 정신 자서전(我的精神自傳)』*에서 언급한 바 있습니다. 여기에서는 더 전개하지 않기로 하고요. 사실, 이는 하나의 흥미로운 화제입니다. 나중에 기회가 있으면 다시 토론을 해봅시다.

물론 학술과 문학은 세계를 파악하고 역사와 현실을 관찰하고 표현하는 서로 다른 두 가지 방식임을 인정해야만 할 것입니다. 나는 이 두 종류의 방식이 유기적으로 결합된, 구체적으로 말해서 문학의 돌봄과 서술방식을 역사 연구와 서술에 운용할 수 있는지, 그 방법은 어떤 식으로 가능한지 등을 질문합니다. 사실 중국의 전통 속에서 문학·사학·철학은 혼연일체였고 나뉘지 않았습니다. 오늘날 중국 사학의 경전으로 여겨지는 『사기(史記)』는 동시에 문학 경전이기도 합니다. 근대에 이르러 서방의 과학 사조가 중국에 유입되어서야 엄격한 학과 구분 및 문학과 사학

---

* 한국에서 출판된 『내 정신의 자서전』(김영문 옮김, 글항아리, 2012)은 중국 대륙에서 출판된 판본의 하편을 번역한 것으로 대만의 판본과 대조해 대륙 판본에서 삭제된 부분을 살려냈다.

의 분리가 나타났습니다. 이는 학술과 문학의 정밀화된 발전에 당연히 유익하지만, 이러한 구분이 지나치게 엄밀할 경우 아주 많은 폐단을 초래하기도 합니다. 내가 보기에 학술과 문학이 오늘날까지 발전해오긴 했지만, 마땅히 양자의 유기적 융합을 시도해야 합니다. 만년의 저작에서, 특히 최근 완성한 모택동과 공화국의 역사를 서술하며 나는 의식적으로 이를 실험하고자 했습니다.

나는 일찍이 현재의 수많은 역사 연구와 서술에 세 가지 약점이 있다고 말한 바 있습니다. 첫째, 역사적 '사건'을 중시하고 역사 속의 '사람'을 소홀히 한 점, 둘째, 역사 속의 '대인물'을 중시하고 '소인물'을 소홀히 한 점, 셋째, 역사적 인물을 쓰기는 했지만 '공적(功績)'에 주목했을 뿐 그 '영혼'을 소홀히 한 점입니다. 이러한 측면에서 문학은 우월성을 띱니다. 문학이 주목하는 것은 시종일관 '사람'이며, 게다가 '보통 사람', 또 '개체로서의 사람'입니다. 그리고 사람의 '영혼 세계'입니다. 문학이 재능을 발휘하는 지점은 보통의, 개체로서 사람의 '영혼의 깊이'를 발굴하는 데 있습니다. 문학의 또 다른 우월성은 역사의 '세부', 사람의 '일상생활', 역사의 '구체성' 및 '개별성', '우연성'에 주목하는 것입니다. 이는 모두 통상적인 역사 연구와 서술이 소홀히 하는 것입니다.

지금 나는 모택동과 공화국의 역사를 연구하면서 모택동의 내

꿈과 같은 인생 |

면세계와, 공화국에서 노동자·농민·지식인·기층 민중의 역사적 운명, 일상생활, 정신적 상처 그리고 역사에 대한 그들의 참여와 작용에 주목하고자 합니다. 아울러 상당량의 세부적인 것을 역사 서술에 끌어들여 적절히 역사의 우연적 사건과 개별적 사건을 드러내고자 합니다. 내가 오늘의 독자에게 제공하고자 희망하는 것은 피와 살이 있는 역사, 온기가 있는 역사이며, 나의 임무는 단지 독자가 특정한 역사적 정경에 진입해 체험과 깨달음의 기초 위에서 역사를 인식하도록 돕는 것일 뿐입니다. 이는 모두 문학의 도움을 받아 세계와 역사를 파악하려는 방식을 필요로 합니다.

소학교 시절의 '대자연의 꿈'과 '교사의 꿈'부터 중학 시절의 '문학의 꿈', 대학 시절의 '학자의 꿈'까지, 나는 이렇게 살아오면서 줄곧 꿈속에 빠져 있었습니다. 대학을 졸업하면서 귀주 안순(安順, 안순)의 산간 도시로 배정되었을 때, 엄혹한 현실이 꿈에서 깨도록 했습니다. 이때부터 현실과 꿈 사이의 모순과 충돌이 확실히 전에 없이 첨예해졌습니다. 저작이나 강연에서 이미 여러 번 이야기했으니 이 부분은 반복하지 않겠습니다. 간단히 말하고 싶은 것은 그럼에도 내가 꿈을 완전히 포기하지 않았고, 일단의 사고를 거쳐 '북경대학의 강단으로 돌아가 노신을 이야기하자'는 꿈을 선택했다는 점입니다.

학생 여러분은 이러한 구체적 꿈이 학자의 꿈, 문학의 꿈, 교사의 꿈 세 가지가 하나로 합쳐진 것임을 어렵지 않게 알 수 있을 것입니다. 그러나 이 꿈을 실현하기 위해서 나는 18년을 기다리며 준비해야 했습니다. 1978년 대학원에 입학해 북경대학으로 돌아왔고, 1981년 졸업하면서 대학에 남아 1985년까지 강단에서 '나의 노신관'을 이야기했고, 이는 후에 『영혼의 탐색(心靈的探尋)』이라는 책으로 출판되었습니다. 이미 말한 바 있으므로 그 사이의 파란만장한 이야기는 생략하겠습니다. 1960년 대학 졸업부터 계산하면, 학자의 꿈을 실현하고 북경대학에서 노신의 꿈을 이야기하기 위해서 장장 25년의 세월이 걸렸습니다. 그 후는 부단히 확대되는 꿈을 실현하는 과정이었고, 지금 2010년까지 25년을 더 보내게 됩니다. 나의 일생은 이렇게 설명할 수 있겠습니다.

꿈을 다 이야기했으니 '학자의 꿈'을 이룬 이후 학자로서 살아온 길을 이야기해보겠습니다. 최근 나는 막 『살아남은 자의 말(倖存者言)』이라는 문집을 완성했습니다. 맨 마지막 부분에 「자신에 대한 일곱 가지 이름」이라는 결산하는 글을 한 편 썼습니다. 다음 이야기는 이 글의 기본 내용인데, 대략적으로 이야기해보겠습니다. 관심 있는 학생은 전문과 관련된 글을 찾아 읽어보길 바랍니다.

1978년부터 지금까지 나의 학술의 길은 네 단계로 나뉩니다.

1978년부터 1989년까지는 학술적 삶이 발전한 첫 번째 10년이고, 그 대표작은 『영혼의 탐색』, 『주작인전(周作人傳)』, 『주작인론(周作人論)』입니다.

이 첫 번째 10년의 학술적 선택에 대해 명확히 이야기하려면 귀주에서 보낸 18년 동안의 '인생과 학술의 준비'를 짧게 회고해야 합니다.

먼저 인생의 준비입니다. 이는 여러 곳에서 이야기한 바 있습니다. 나는 우리의 국가 및 인민과 함께 거대한 고난을 감당한 이후, 풍부한 경험을 안고 학술계에 진입했습니다. 구체적으로 말해서 중국의 변방 지역이자 사회의 기층인 귀주에서 대기근과 '문혁'을 경험했습니다. 특히, 나는 문혁의 거의 모든 과정에 참여했습니다. 공장·농촌·병영 등에서 모두 생활해봤고, 사회 각 계층의 사람들, 즉 노동자·농민·군인 등 온갖 직업의 사람들과도 접촉했습니다. 홍위병 및 지식청년 세대와는 정신적 혈육의 관계를 형성하기도 했고요. 바로 이와 같은 특수한 시대 속에서 특수한 인생 준비를 통해 나는 중국의 사회와 국정(國情)을 기본적으로는 알고 이해하게 되어, 뿌리부터 탄탄한 민간의 입장과 현실 및 기층에 대한 애착, 정치적 관찰과 사상적 분석에 능한 사유의 특징, 나아가 '위아래로 탐색'하고, '영원히 진격'하며, '운명 앞에서 머리가 깨져 피를 흘려도 뒤돌아보지 않는' 성격을 갖게 되었습니다. 이것들은 모두 때로는 도드라지고 때로는 은근하며 또 때로는 약하고 때로는 강하게, 이후 나의 학술 연구와 인생의 길에 영향을 줬습니다.

다음으로 학술적 준비입니다. 귀주의 18년은 노신의 저작을 읽은 것으로 이야기할 수 있습니다. 문혁의 동란 속에서도 이는 중단되지 않았습니다. 게다가 나의 독서 방법은 아주 미련하게 책을 베끼는 것이었습니다. 시기마다 다양한 문제에 직면해서는 그 문제와 관련된 노신의 논술을 베끼는 것입니다. 그 과정 중에 많은 계시를 얻었습니다. 이렇게 베끼다보면 노신의 저작을 어느새 마음으로 이해하게 됩니다. 책을 베끼는 것 외에 독서 노트와 연구 논문을 썼습니다. 현재 보관하고 있는 것은 대기근 시대에 쓴 「노신연구찰기(魯迅硏究札記)」, 문혁 기간에 자체 편집해 손으로 쓴 논문집『노신에게 배우다(向魯迅學習)』, 『「들풀」, 「조화석습」을 읽고 씀(讀「野草」, 「朝花夕拾」隨筆)』, 『고사신편을 읽고 씀(讀「故事新編」隨筆)』및 어문 교재 속의 노신 작품 분석 등이 있습니다. 지금 보면 이러한 글들은 그 이후의 연구를 위한 준비에 지나지 않습니다. 게다가 모택동, 구추백(瞿秋白, 취추바이), 풍설봉(馮雪峰, 펑쉐펑), 진용(陳涌, 천융)의 노신관에서 깊은 영향을 받았고, 독자적인 노신관은 없었습니다. 그렇지만 이 글들을 본 적이 있는 안순의 친구들에 따르면, 당시 내 연구는 이미 일정한 특징을 보여주고 있었다고 합니다. 예를 들어 강렬한 현실과 정신에 대한 애착(인문적 애착)이 있는데, 이후 나의 노신 연구에 당연히도 심원한 영향을 미치게 됩니다.

그런데 연구 생애의 첫 번째 10년 동안, 즉 1980년대 사상해방이라는 역사·사회·현실과, 기존 관념 속의 선험적 전제를 새롭게 살펴보는 시대의 큰 물결 속에서 내가 마주한 임무는 '문혁' 중에 발생한 극단적인 전제 문화의 미신과 속박에서 해방되는 것이었고, 극좌 시대의 영향을 철저히 정리하는 것이었습니다. 자신이 어떻게 절반은 강요에 의해 절반은 자발적으로, 독립적 사고의 권리를 포기하고 순종적인 도구가 되기를 원했는지를 반성하면서 즉각 노신의 비판이 생각났습니다. "만일 노예 생활에서 '아름다움'을 찾아내어, 그것에 경탄하거나 어루만져 도취된다면, 이는 그야말로 구제불능의 노재(奴才)라."* 나는 마침내 스스로 18년 동안 노신을 연구해놓고도 근본적으로는 노신이 개창한 독립적 지식인의 전통을 배반했다는 것을 발견한 것입니다. 이러한 발견은 나를 매우 놀라게 했습니다. 당시 나의 표현으로 말하자면, '온몸에 식은땀이 났습니다'. 이렇게 해서 연구 방향이

---

* 「漫」, 『南腔北調集』에서 인용. 한국어판은 『노신 선집』 3, 노신문학회 편역 (여강출판사, 2004), 247쪽. 번역은 일부 수정.

결정되었습니다. 철저한 반성 위에서 독자적인 노신관을 세워나 자신의 독립적 지식인의 길을 찾아가겠다는 것이었습니다. 나는 이때 노신 연구를 주작인(周作人, 저우쭤런) 연구로 개척해나갔습니다. 즉, 서로 통하면서도 다른 사상 계통 속에서 노신을 되돌아보기 위한 것이었습니다. 이는 또한 독자적 노신관을 세우려는 목표에 귀속된 것이었습니다.

첫 번째 단계의 연구에는 명확한 목표가 있었습니다. 바로 학원 체제에 진입해 발언권을 획득하는 것입니다. 이는 먼저 생계를 위한 것이었습니다. 이 때문에 나는 남들이 상상하기 어려운 대가를 치렀습니다. 그다음은 나의 학술 연구의 건전한 발전이라는 추구를 위한 것이었습니다. 엄격한 전문 훈련을 통해 나의 민간적 사고와 연구를 더욱 학술적이고 과학적인 수준으로 승화시키는 것입니다. 그러나 나는 이 때문에 대가를 치르기도 했습니다. 의식적으로 자신의 민간적 야성을 억압했고, 1980년대 왕성히 발전했던 사회·사상·문화 운동에 대해 방관자적인 태도를 취했으며, 안순 친구들처럼 전심전력해서 시대의 큰 조류에 투신하지 못했습니다. 의식적으로 '역사의 관찰자'의 역할을 맡았던 것이죠. 그러나 북경대학에 임용된 뒤 '계몽자로서의 노신'을 강조하는 연구로 나아가면서, 강의는 자연스럽게 사상 계몽의 역할을 맡기도 했고, 일정한 영향을 미치기도 했습니다.

꿈과 같은 인생

첫 단계의 연구에서 나의 양대 목표는 기본적으로 실현되었습니다. 이 시기의 3부작인 『영혼의 탐색』, 『주작인전』, 『주작인론』을 통해서, 나만의 독립적인 노신관, 주작인관을 건립했습니다. 게다가 이 시기에 동학들과 함께 제출한 '20세기 중국문학'이라는 개념, 함께 집필한 『현대문학 30년』이라는 책으로 초보적이나마 독자적인 현대문학사관을 형성했습니다. 이들 저작과 글은 모두 학계의 인정을 받았고, 상당한 사회적 영향을 낳기도 했습니다. 그래서 그에 상응하는 학술적 지위를 얻어, 학원파 학자가 되었습니다. 이는 이후 자신의 독립적 발언을 위해 기초를 놓는 것이었습니다. 중국의 현행 체제 속에서 이러한 발언권이 있다는 것은 대단히 중요합니다. 그러나 이렇게 인정받는 것은 대가를 치러야 할 뿐 아니라 새로운 위험과 함정이 숨어 있기도 합니다. 이를 명확하게 인식하면서 나는 여러 가지 변화와 발전을 결정했습니다.

1990년부터 1997년까지는 학술이 점차 성숙해가는 시기입니다. 대표적으로는 역시 세 작품이 있습니다. 『풍부한 고통: 돈키호테와 햄릿의 동이(豊富的痛苦: 堂吉訶德與哈姆雷特的東移)』, 『크고 작은 무대 사이에서: 조우연극신론(大小舞台之間: 曹禺戲劇新論)』, 『1948: 천지현황(1948: 天地玄黃)』 등입니다.

나는 우리 세대와 한두 세대 아래의 지식인과 학자를 이해하려면 반드시 그 풍파*의 영향(우리 세대에는 1957년의 반우파운동의 영향도 있다)을 이해해야 한다고 말한 바 있습니다. 나의 사상과 학문 역시 이 때문에 변화가 있었습니다. 1990년대의 분위기 속에서 나의 사상이 계몽주의에서 회의주의로 진입하는 시기에, 시대, 사회, 역사 속의 관념, 체제, 자아에 대해 더욱 심도 있는 반성과 성찰을 진행했고, 동시에 회의 속에서 정신적 추구과 학술적 혁신을 견지했습니다. 이 때문에 나는 계몽주의를 포기하지 않았고, 반대로 1990년대 성행했던 계몽주의 해체의 흐름 속에서 계몽주의를 지켜냈습니다. 그러나 1980년대의 계몽지상(啓蒙至上)과 달리 '지키면서, 회의하는' 더욱 복잡한 태도를 취하게 되었습니다.

이때 나는 학술과 관련해 더욱 의식적으로 '혁신'을 추구해, 독자적인 치학의 길과 독특한 학술적 풍격을 형성해서 학문을 통해 '자신을 찾고자' 했습니다. 내가 이야기하는 '성숙'은 바로 이러한 의식성과 초보적 성과를 말합니다. 정리하자면 대략 네 가지가 됩니다.

첫째, 20세기 지식인의 정신사와 개체 생명사를 주요 관심과

---

* 이 글은 중국 출판사정의 특수성으로 인해 저자가 다소 모호하게 언급한 부분이 있다. '그 풍파'란 1989년의 6·4 천안문사건을 말한다.

연구의 대상으로 삼는다.

둘째, 의식적으로 세계와 중국의 현실에서 중대한 정치·사상·문화의 문제에 주목하고 사고해, 학술적 명제로 전화하고 역사적으로 추적한다. 동시에 그 배후의 인간 존재에 관한 인문 문제를 추궁해 '현실-역사-사상(철학)'의 융합에 다다르도록 노력한다.

셋째, 동시에 자신의 삶에 내재하는 문제에 대해 관심을 갖고 사고하며, 외부 세계의 역사와 현실에 대한 학문적 판단과 탐구는 최후에 모두 "나는 누구인가? 나는 어찌하여 존재하고 이야기하는가?"라는 자아의 내면세계에 대한 추궁과 자아 존재의 역사적 분석 및 존재론적 추궁으로 귀결된다.

넷째, 의식적으로 '문학사 서술학' 실험을 진행해, 학술적인 문체, 구성 방식 및 서술 언어 등의 측면에서 여러 가지를 시도하며, 학술적 창조력과 상상력을 최대한 발휘한다.

이는 나의 말로 표현하면, 기존 규칙을 거슬러 의외의 효과를 거두며 자기 스스로도 반복할 수 없는 연구를 말합니다. 이 역시 인생의 가장 큰 즐거움이지요.

1998년부터 2002년까지는 나의 삶과 학문이 '포위망을 뚫고 나간' 새로운 단계입니다.

이 단계는 두 가지 배경에서 발생했습니다. 첫째, 1990년대

중후반이 되면서 위로부터 일방적으로 진행된 중국의 경제개혁이 점차 그 내재적 모순을 드러냈고, 경제가 급속히 발전함과 동시에 심각한 사회문제를 초래했습니다. 특히 빈부 격차와 사회 발전의 불균형이 초래한 양극화가 사회 전체의 정신적·도덕적 위기를 낳았고, 지식인 역시 분화했습니다. 둘째, 나 자신의 변화가 있습니다. 대학 학술계 내에서의 발언권을 결국 획득했지만, 그와 동시에 마음속으로 자책감과 고독감이 날로 심해졌습니다. 나는 1997년 「나도 욕하고 싶다(我也想罵人)」라는 글에서 이렇게 쓴 바 있습니다.

나는 세상과 격리된 고요함이 걱정된다. 필요하거나 필요하지 않은 여러 학술 규범이 삶의 활력과 상상력을 질식시켜, 내 삶과 학술을 평범하고 위축되게 만들었다. 나는 고요한 생활의 타성이 나의 사상과 학술의 민감성을 둔화시키고, 나아가 결국 지식인의 생명이라 할 비판 기능을 상실케 할까 근심하기도 한다. 나는 학자의 지위와 권위가 자신을 의식적으로 또 무의식적으로 권력의 그물에 빠뜨려 지식의 억압자이자 여러 억압의 공모자이자 종속물로 만드는 것을 더욱 경계하고 두려워한다. 나는 동시에 이름난 학자가 미디어에 포위되어 보통 사람들 및 청년들과의 소통에 수많은 불필요한 장애를 더한 것에 대해 비애를 느낀다. 그래서 나에게는 마음속 깊은 곳에서 시시각각 삶이 외치는 소리가 들린다. 노신이 그랬던 것처럼, 이 고요함의 뜰의 벽을 부수고 나가, "사막에 서서 휘날리는 모래와 나뒹구는 돌멩이를 보며 즐거울 때에는 마음껏 웃고 슬플 때에는 크게 부르짖으며 성이 날 때에는 내키는 대로 욕하는 것이 설사 자갈에 맞아 온몸이 거칠어지고 머리는 깨져 피가 흐를"*지라도 전혀 아쉽지 않다.

특히 나는 지식계 전체, 그중에서도 내가 정신적 기지로 삼고 있는 북경대학에 '정신이 실종'되어 사상·문화·교육·학술에 전면적 위기가 발생한 것을 발견했습니다. 의식적으로 스스로가 억압했던 내재적 야성, 민간성, 사회와 역사에 대한 책임감, 소명 의식이 폭발해 나왔고, 학원 체제와 격렬한 충돌을 일으켰습니다. 나는 결국 '문을 박차고 나와', 현실 생활에 대한 참여 속에서 사상과 학술의 발전을 위한 새로운 공간을 확장하며, 다시 민간사회로 돌아가 새로운 정신적 기지를 찾아 상하의 운동을 형성하기로 결심했습니다. 삶의 역정에서 볼 때, 이는 문혁 후기의 민간사상가를 향한 더욱 높은 차원의 회귀였습니다.

---

* 「題記」, 『華蓋集』에서 인용. 한국어판은 『노신 선집』 2, 노신문학회 편역(여강출판사, 2004), 211~212쪽.

이 전후에 나는 세 가지 일을 했습니다. 첫째, 북경대학 100주년 기념을 기회로 삼아 일부 선생님 및 학생 서클과 함께 '채원배(蔡元培, 차이위안페이)가 개창한 북경대학 전통의 발양(發揚)'을 중심으로 하는 민간 기념활동을 조직하고 추진했습니다. 둘째, 초중등 어문교육개혁에 개입해 『신어문독본』을 주편했습니다. 셋째, "말살할 수 없는 사상 유산—「북경대학 우파 반동 발언집」"이라는 글을 발표해서 "1957년 반우파운동을 새롭게 평가하고, '1957년학'을 건립"하자고 명확하게 제안했습니다. 이 세 가지 일은 모두 강렬한 사회적 반향을 일으켰습니다. 이는 동시에 스스로의 선택에서 중대한 조정을 가리킵니다. 바로 소박한 학원의 학자에서 전환해 '학자와 정신계 전사'의 결합을 추구한 것입니다. 바로 학술 연구에 입각해서 현실 개입을 더욱 강화하는 것이며, 이를 통해 학술 연구의 비판력을 강화하고, 동시에 자신의 본성에 근접한 정신적 경지를 추구하는 것입니다. 즉, '독립적 자유의지의 고양, 비판 정신의 충분한 발휘, 큰 사랑과 큰 증오를 결합'한 것입니다. 이는 당연히 대가를 치러야 하는 것이었습니다. 기득권자의 이익을 침범해 각계각층으로부터 큰 비판을 받았고, 북경대학에서 축출될 뻔했습니다. 다년간 힘들게 추구하고, 또 이미 익숙해진 소박한 학자 생활의 고요함이 파괴되었고, 시대의 소용돌이의 중심에 서게 되었습니다. 이로 인한 각종 고생·

걱정·혼란·난처함·고통은 모두 스스로 감내해야 했습니다.

이 시기의 집필에도 그에 상응하는 변화가 있었습니다. 사상 및 학술 수필이 중요한 문체가 되었습니다. 『마음에 묻은 무덤(壓在心上的墳)』, 『망각을 거부하라: 전리군 문선(拒絕遺忘: 錢理群文選)』 등이 있는데, 독자 범위가 광범위해졌고, 그 영향은 학술계와 교육계를 넘어섰습니다.

학술적으로도 다시 주씨 형제의 연구로 돌아가 노신 연구가 중심이 되었습니다. 대표작으로는 『주씨 형제를 말하다(話說周氏兄弟)』, 『당대의 노신에게 가까이(走近當代的魯迅)』, 『노신과 만나다(與魯迅相遇)』 등이 있습니다. 다시 노신으로 돌아간 것은 분명히 노신으로부터 현실을 비판할 사상적 자원을 찾고자 했음을 말합니다. 나는 이를 "노신을 이야기하고, 노신에 이어서 이야기한다"라고 말합니다. 그래서 연구의 중심도 변했습니다. 1980년대에 '독립적 사상가이자 계몽가로서의 노신'을 부각시켜 노신의 개체 창조를 강조했다면, 1990년대에는 '정신계 전사이자 진정한 지식계급으로서의 노신'을 부각시켜 현실과 기층에 대한 노신의 애착, 사회와 문명에 대한 비판을 강조했습니다. 모두 시대의 사회 사조의 변화를 반영한 것입니다. 또한 학술 연구의 역사성과 당대성의 유기적 결합을 의식적으로 추구하기도 했습니다.

2002년 퇴임 이후 지금까지는 자신의 삶과 학술의 새로운 개척기로 접어들었습니다.

퇴임은 거대한 해방이었다고 나는 여러 번 말했습니다. 먼저, 체제의 제약을 최대한 벗어나서 '마음대로 생각하고, 마음대로 이야기하기'가 가능해졌습니다. 동시에 전공 영역의 제약에서도 벗어나서 자유롭게 새로운 연구 영역으로 돌진해 들어갈 수 있었습니다. 다시 말해서 중국의 현직 학자들이 나날이 체제화되고 전문화되어가는 학술과 영혼의 질곡에 갇혀 스스로 벗어날 수 없는 상황에 빠져들던 시기에, 나는 오히려 상대적으로 자유를 얻었던 것입니다. 물론 유한한 것이었지만 말입니다. 최초의 민간 연구의 입장으로 전면적으로 되돌아갔다고 할 수 있습니다. 동시에 학원의 전문 연구와 결합되어 새로운 수준에 도달하기도 했습니다. 나는 의도적으로 학술의 중심적 위치에서 물러나 각종 이익의 유혹을 뿌리치고 스스로를 주변화했는데, 나의 창조력과 상상력 그리고 잠재적 연구 소질과 능력이 비로소 더욱 독립 자주적이고 자유롭게 발휘되었고, 이 단계에 이르러서야 내 삶과 학술의 생명이 비로소 진정으로 절정에 다다랐습니다. 이는 스스로도 생각지 못한 것이었죠.

이 시기의 학술 연구에는 분명히 중대한 전환이 있었습니다. 바로 현대문학연구에서 당대 사상사와 당대사에 관한 연구로의 전환이었습니다. 현재 세 가지 중요한 성과를 냈습니다. 이미 출판된 『망각을 거부하라: 1957년학 연구 기록(拒絕遺忘: "1957年學" 研究筆記)』*은 공화국의 민간사상사 연구의 새로운 영역을 개척했습니다. 중국 내지와 대만에서 각각 출판된 『나의 정신 자서전』은 지식인 정신사 연구의 새로운 시도였습니다. 곧 출판될 『모택동 시대와 포스트 모택동 시대』는 중화인민공화국 역사 서술 및 모택동 사상 연구와 관련된 전혀 새로운 실험입니다. 역사 연구의 관념과 방법에 나의 새로운 사고, 새로운 추구, 새로운 상상을 집중시켰습니다. 그래서 이를 '다르게 쓴 역사'라고 부릅니다. 나는 이를 위해 15년을 준비했습니다. 분량은 모두 75만 자에 달합니다. 나의 학술 작업 중 아마도 가장 방대하다고 할 수 있습니다.

다른 한편, 전공 연구를 방기하지도 않았습니다. 노신 연구의 측면에서 보면, 앞서 언급한 '노신독본' 시리즈 외에도 이 시기에 집필한 『노신 9강』, 그리고 『전리군 강학록(講學錄)』의 노신 연구 관련 부분은 모두 새롭게 개척한 것입니다. 이전에 썼던 『노신과 만나다』와 같이 사고가 더욱 깊어지고 논술은 더욱 단정해져서, 내 노신 연구가 성숙해졌음을 보여줍니다.

---

* 　한국어판은 『망각을 거부하라: 1957년학 연구 기록』(길정행·신동순·안영은 옮김, 그린비, 2012)으로 완역되었다.

나는 줄곧 자신을 '문학사가'로 보았고, 연구 소질과 학술적 준비가 문학사 연구와 집필에 적합하다고 생각했습니다. 그러나 학술 연구의 첫 번째 단계에서 동학들과 '20세기 중국문학'이라는 개념을 제출하고, 『현대문학 30년』을 집필한 후 새로운 실적이 없었습니다. 이건 나에게 어떤 '마음의 병'과 같았습니다. 사실 나는 줄곧 현대문학사의 이론과 실천의 문제에 관심을 두었고, 2000년 출판한 『돌아보기와 재구성: 문학사의 연구와 집필(反觀與重構: 文學史的研究與寫作)』 이외에, 퇴임 후 현대문학연구학과의 역사와 연구 현황에 대한 연구에 적지 않는 정력을 쏟아 『현대문학연구사론』이라는 책이 나오게 되었습니다. 그리고 현재 진행 중인 것으로 내가 주편한 『중국 현대문학 편년사: 문학광고를 중심으로』라는 네 권의 책(약 200만 자)이 있습니다. 이 책은 문학사 관념·구조·집필방법에 관한 새로운 사고, 새로운 상상에 집중되어 있고, 나의 문학사 연구에서 가장 중요한 실험이될 것입니다. 나는 이 책에도 기대를 걸고 있습니다.

퇴임 후에 주로 학술 연구를 새롭게 개척하는 데 힘쓴 것 외에도, 사회에 대한 나의 애착 역시 영역이 더욱 넓어졌습니다. 주로 초중등 교육개혁, 청년 지원자(志願者)* 운동 및 지방문화연

---

* '자원봉사자'와 유사한 표현이지만, 중국의 특수한 체제 조건하에서 '아래로

꿈과 같은 인생

구라는 세 영역입니다. 많은 곳에서 나의 사회에 대한 상당한 관심을 언급했으니 여기서는 생략합니다. 언급할 만한 것은 퇴임 이후에 방대한 사상·문화·교육·학술에 관한 수필을 써서 직접적으로 사회에 대해 발언했다는 점입니다. 이는 시사정치평론이라는 새로운 영역을 열어낸 것입니다. 매년 한 편씩 그해에 발생한 국제 및 국내의 중대 사건, 정치·경제·사회·사상·문화 측면에서의 중대한 문제와 동향을 종합적으로 평론합니다. 앞서 이야기한 귀주에서 나의 '인생 준비' 단계는 '정치적 관찰과 사상적 분석에 능한' 특징을 보여준 바 있는데, 나를 잘 아는 친구들과 학생들은 모두 평소 내가 시사 정치 문제를 토론하는 것을 아주 좋아한다는 것을 알고 있습니다. 이 점은 나의 스승인 왕요(王瑤, 왕야오, 1914~1989) 선생과 매우 유사한 것입니다. 시사 정치에 대해 관심을 갖고 토론하기를 좋아하는 것은 본래 나의 스승 세대와 우리 세대의 오래된 습관입니다. 나는 줄곧 이러한 객실의 공담(空談)으로는 사회에 영향을 미칠 수 없음에 유감을 느꼈는데, 마침내 이를 응용할 기회가 생긴 것입니다. 나는 이미 『나를 아는 이는 내 마음이 근심스럽다 하네: 10년 관찰과 사고(1999~2008)[知我者謂我心憂: 十年觀察與思考(1999~2008)]』라는 책을 냈습니

_____

부터'의 일정한 정치적 색채를 포함하기도 한다.

다. 지금도 계속 쓰고 있는데, 2018년에 다시 『나를 모르는 자는 무엇을 추구하느냐고 내게 묻네: 다시 10년 관찰과 사고[不知我著 唯我何求: 又一個十年觀察與思考(2009~2018)]』라는 책으로 모아 낼 것입니다. 이러한 '시대 현장의 기록'은 참 흥미로운 것일 텐데, 후대 사람들이 보도록 남기는 것이기 때문입니다. 즉, '후세를 위한 글쓰기' 역시 내가 지금 글을 쓰는 동력 가운데 하나입니다.

그렇지만 이러한 생각 자체가 어떤 늙음을 반영하는 것일 겁니다. 물론 학술의 꿈은 아직 끝나지 않았습니다. 여기에서 대략 소개를 해봐도 좋겠네요. 『중국 현대문학 편년사: 문학 광고를 중심으로』는 아마 내년 상반기에 완성될 것입니다. 내 꿈은 그 이후에 3대 시리즈 저작을 내는 것입니다.

- 민간사상사 3부작: 이미 완성된 것으로 『망각을 거부하라: 1957년학 연구 기록』이 있고, 『'문혁' 민간사상연구필기』, 『80년대 민간사상연구필기』는 이미 일부 완성.

- 지식인 정신사 3부작: 이미 완성된 것으로 『1948: 천지현황』과 『나의 정신 자서전』 두 권이 있고, 『1949~1976: 세월이 상전벽해로다(1949~1976: 歲月滄桑)』는 집필 중.

- 노신의 삶 3부작: 이미 완성된 것으로 『노신과의 만남』, 『먼 길 이후(遠行以後)』가 있고, 이를 보충해 『노신 최후의 10년(魯迅最

꿈과 같은 인생 |

後十年)』을 쓰고 있음.

　이는 모두 '관을 짜는 작업'임을 알 수 있을 것입니다. 나의
학술적 창조력과 상상력이 이 마무리 작업을 완성해줄지 모르
겠습니다.

　이러한 꿈이 모두 실현되고 나서도, '마지막 꿈'이 있습니다.
바로 아동문학을 연구하는 것입니다. 노년에 아동과 소년의 꿈
으로 되돌아가는 것입니다. 나는 이 꿈이 참으로 낭만적이고 시
적이라고 생각합니다. 그렇지만 실현되기 쉽지 않다는 것을 잘
알고 있습니다. 그래도 본론으로 돌아와서 만약에 모든 꿈이 실
현된다면, 이렇게 지나치게 완벽한 인생 역시 재미없을 터입니
다. 실현하지 못한 꿈을 남겨두고 아쉬워하는 것만 못하겠지요.
이게 더 재밌지 않나요?

　내 인생의 꿈, 학술의 길은 여기까지 이야기하겠습니다. 마지
막으로 작은 결론을 내리려고 합니다. 나는 내 인생의 길, 학술 연
구가 세 가지를 의식적으로 추구하는 특징이 있다고 생각합니다.

　먼저, 삶과 학술의 일체성을 추구합니다. 나에게 학술적 탐구
는 삶의 몸부림이기도 합니다. 연구 대상에 대한 발견은 동시에
자신에 대한 발견입니다. 연구 대상에 대한 조사와 해부는 더욱
이 자신에 대한 질의와 반성입니다. 이는 이미 하나의 습관이 되

었습니다. 현실 생활에서 곤혹을 느끼거나 곤경에 빠질 때마다 나는 연구(보통은 노신 연구)에 몰두하는 방식으로 전환의 계기를 찾습니다. 구체적으로 말해서, 1980년대 중반에 첫 번째 저작인 『영혼의 탐색』은 내가 '문혁' 이후의 정신적 곤경에서 벗어나도록 도와줬습니다. 1990년대 초에 『풍부한 고통: 돈키호테와 햄릿의 동이』, 『크고 작은 무대 사이에서: 조우연극신론』은 1980년대 말 풍파 이후의 정신적 곤경에서 벗어나도록 해줬습니다. 21세기 초, 내가 커다란 비판에 직면해 인생의 밑바닥에 떨어졌을 때, 『노신과의 만남』의 강의와 집필은 그 압력을 동력으로 전화해 인생과 학술의 새로운 경지에 진입하도록 해줬습니다. 학술상의 부단한 개척에 따라 자신의 삶 또한 부단히 승화되었다 할 수 있습니다.

나는 학술 저작마다 끝에 긴 「후기」를 덧붙이는 걸 좋아합니다. 배후의 '나의 이야기'를 써서 저작 중에 이야기한 '타인의 이야기'와 함께 유기적인 전체를 구성합니다. 이뿐만 아니라 여러 종류의 글쓰기 기교를 사용해서 나의 이야기, 가족의 이야기를 역사 서술 속에 유기적으로 융합합니다. 이러한 융합은 일반 독자들이 주목하지 못하는데, 여기서 두 가지 비밀을 공개해도 좋을 것 같습니다. 『1948: 천지현황』에서 나는 특별히 「학원풍파」와 「전지(戰地)의 노래」라는 두 장(章)을 써서 1948년 학생운동

중의 시가·연극, 해방군의 전지 문예공작단의 활동을 소개했습니다. 이는 일반적인 문학사에서는 쓰지 않는 내용입니다만, 내가 이러한 시대적 특색이 깊은 문학 활동에 주목한 것은 나의 형과 누나가 모두 그 속의 적극 분자였기 때문입니다. 이렇게 나는 관련된 서술 속에 자연스럽게 그들의 이야기를 융합시켰습니다. 나는 이를 통해 혁명에 참가한 가족 두 명과 그들의 전우에 대한 경의를 표현하고자 했습니다. 『주작인전』에도 짧은 절(節)에서 주작인이 한간(漢奸)*이라는 죄명으로 남경(南京, 난징)의 노호교(老虎橋) 감옥에 갇힌 부분을 서술할 때, 돌연히 한 문장을 삽입시킵니다.

　　주작인은 아마도 노호교 감옥 뒷담장에서 멀지 않은 곳에 소학교가 있다고 들은 바 있을 것이다. 학생들의 낭랑한 책 읽는 소리와 웃음소리가 어쩌면 가끔 높은 담을 넘어 날아왔을지도 모른다. 그러나 그는 한 어린 남자 아이가 이러한 신비로운 높은 담장(그는 선생님을 통해 높은 담장 뒤에 '감옥'이 있음을 알았다)을 볼 때마다 늘 멈춰 서서 큰 머리를 기울이고 "여기에 갇힌 자들은 어떤 '괴물'일까? '호랑이[老虎]'와 같이 흉악할까, 아니면 '작은 새'와 같이

---

*　한족 가운데 매국노를 지칭.

불쌍할까?'라고 생각하는 걸 전혀 알지 못했을 것이다. 이 어린 남자 아이 또한 당연히 옥중에 동심을 잃지 않은 늙은 시인이 갇혀 있을 거라고는 생각지 못했을 것이다. 어쩌면 자신이 걸음을 멈추고 생각을 할 때, 이 노인은 '책방의 꼬맹이 정말 개구쟁이, 빗자루를 말처럼 타고, 벽에 이마를 부딪쳐 매실만 하게 멍이 들어도, 채찍 휘두르며 즐거워 죽는다'라고 읊고 있었을지도 모른다.

여러분은 글 속에서 '큰 머리'의 작은 남자 아이가 바로 나 자신임을 어렵지 않게 알 수 있을 것입니다. 엄밀한 학술적 저작의 기준에서 보면 이러한 유희적 글귀를 삽입하는 것은 확실히 허황된 것입니다. 이는 내가 연구 대상의 마음의 흔적에 가까이 가고자 하는 노력을 표현한 것이고, 내 문학의 꿈을 조금이나마 만족시키고자 했기 때문입니다. 당연히 아주 가끔일 수밖에 없지요. 그러나 최근 완성한 모택동과 공화국의 역사에 대한 연구 저작에서 나의 이야기는 확실히 제대로 자리를 잡아, 모택동의 이야기, 보통 민중의 이야기, 지식인의 이야기와 함께 공화국의 이야기를 구성했습니다. 이 때문에 나는 처음에 대만에서 수업할 때, 제목을 "나와 모택동, 공화국 60년"이라고 정했던 것이지요. 이는 나와 같은 연구자와 연구 대상의 특수한 관계와 그것의 특수한 역할을 충분히 드러내줍니다. 즉, 역사의 당사자 신분으로

꿈과 같은 인생 |

서 역사 서술을 진행한다는 것입니다.

그리고 하나 더 아주 재밌는 것이 있습니다. 나는 늘 책마다 남기는 후기를 '묘지명(墓誌銘)'이라고 부릅니다. 이는 우스갯소리가 아닙니다. 나는 매번 책을 완성할 때마다 확실히 노신과 같은 느낌을 받습니다. "나의 생명의 한 부분을 바로 이렇게 써버렸다. …… 어쨌든 흘러가고 흘러갈 것이다. 모든 것이 세월과 함께 흘러갔고 흘러가고 있으며 흘러갈 것이다." 책으로 만들어보니, "낡은 흔적들을 모아" "땅을 파 무덤을 쓰는 것"일 뿐입니다.* 적극적인 의미에서 볼 때 이러한 하나하나의 글과 저작은 하나씩 인생의 발자국을 만들어내고, 몸부림 속에서 전진해가는 삶의 궤적을 그려냅니다.

확실히 '자신의 삶과 학술의 일체화'라는 학술적 추구는 매우 개인적인 것이고, 보편적 의미를 갖지는 못합니다. 게다가 이러한 추구 자체 역시 함정이 있습니다. 그것이 지나쳐서 수위를 넘어서면 폐단을 낳습니다. 그렇지만 나는 이것이 여러분에게 조금이나마 계발적인 의미가 있다고 생각합니다. 앞서 언급한 바와 같이, 학술 연구가 자신의 삶과 모종의 관계가 발생해야 한다

---

*   魯迅, 「寫在『墳』後面」에서 인용. 한국어판은 『노신 선집』 2, 노신문학회 편역(여강출판사, 2004), 130~131쪽. 번역은 일부 수정.

는 것은 학자·교사·작가와 같이 개인의 창조성을 요청하는 것입니다. 학술적 과제 하나하나의 연구 과정에서 부단히 자신의 삶의 의미를 창조해내고 거기에서 쾌락을 얻을 수 있어야만, 학술 연구의 동력과 활력을 영원히 유지할 수 있고, 직업적인 권태나 냉담에 빠지지 않게 됩니다.

내가 의식적으로 추구하는 두 번째는 학술과 자신이 처한 시대 및 밟고 있는 땅과의 혈육적 관계입니다. 여기에도 나의 개인성이 있습니다. 지식인으로서 나는 자신을 이렇게 위치 짓습니다. '의식적으로 주변적 위치에 서서, 나만의 방식으로 시대의 중심 화제에 대해 이야기한다.' '시대의 중심 화제', 곧 사회·인생·정치·국가·민족·세계·인류의 대사와 큰 문제에 대한 흥미·관심·사고·참여는 이미 혁명 시대에 성장한 우리 세대 지식인에게 거의 본능에 가까운 습관입니다. 그리고 이른바 '주변적 위치'라는 것은 자신의 사고와 언행의 독립성을 최대한 유지하고자 하는 것입니다. 이 때문에 나에게 학술 연구는 시대와 사회에 대해 발언하는 일종의 방식입니다.

더욱 포괄적으로 보면, 시대와 사회에 대한 나의 발언에는 두 가지 방식과 두 가지 문제가 있습니다. 하나는 사상·문화·학술·교육에 관해 수필과 시사 및 정치평론의 형식으로 직접 발언하는 것으로, 참된 말을 하고 진심을 호소하며 진실을 드러냄을 추

꿈과 같은 인생 |

구하는 것입니다. 동시에 깊이 있는 사고를 하기 위해 노력하고, 역사가의 안목과 포부로 현재의 일에 대해 평론하는 것입니다. 다른 하나는 학술 연구의 방식, 즉 학술 저작의 형식입니다. 그 특징으로 연구 과제의 문제의식은 시대가 제기한 중대한 과제에서 발생하지만, 전문적이고 학술적으로 그 과제와 거리를 두고 더욱 근본적인 사고와 연구를 합니다.

내가 가장 심취한 것은 시대적 명제의 배후 깊은 곳에 있는 인성, 인간 존재, 인간 정신 및 지식인의 선택 곤경 등 인문 문제에 관한 것입니다. 앞서 소개한 것처럼 나는 민간 기층의 사회참여를 먼저 경험하고 나서 학원 체제에 진입했습니다. 그래서 학술 연구와 사회참여의 결합과 상호 침투가 나로서는 자연스럽게 진행된 선택입니다. 그런데 여러분은 완전히 학원 체제가 배출해 낸 전문화된 인재입니다. 여러분에게 학술 연구는 일종의 전공이자 직업입니다. '학술을 위한 학술'이 자연스러운 선택입니다. 물론 학술에도 서로 다른 이해와 추구가 있을 수 있습니다. 학술 연구를 생계 수단으로 삼는 경우도 있고, 정신적 기탁으로 삼아 정신적 요구의 만족이 그 목적지가 되기도 합니다. 내가 보기에 엄숙하고 진지한 태도로 학술 작업에 종사하기만 하면 이러한 서로 다른 추구는 모두 합리적인 것이고, 자기 나름의 의미와 가치를 갖습니다. 학원의 높은 담 안에 완전히 갇혀서 학문을 할 수도 있습니다. 그렇지만 종종 머리를 들어 주변 세계를 보고, 시대의 신선한 공기를 마셔서 연구 활력을 더하는 것도 좋다는 것을 상기시켜주고 싶습니다. 전심전력으로 엘리트 지식인이 되어 높고 깊은 학문의 추구를 소임으로 삼을 수도 있지만, 종종 고개를 숙여 발아래 땅을 보고, 기층 민중의 목소리를 들으며, 민간 전통에서 정신적 자양분을 흡수하는 것도 좋다는 점을 상기시켜주고 싶네요. 이렇게 학원과 사회 및 시대, 그리고 엘리트와 기층 사이의 흡수·보충·제약이 일종의 긴장을 형성하고, 동시에 자신의 객관적 환경과 주관적 흥미·소양 및 치중하는 바에 근거해 진행되는 발전이 아마도 더욱 건전할 것입니다.

내 학술 연구의 세 번째 특징은 고도의 자기성찰성입니다. 나는 학술 연구에 종사한 처음부터 자신이 난처한 위치에 있음을 명확히 알고 있었습니다. 객관적 상황으로 보면 내가 위와 아래를 잇는 책임을 져야 했으나 역부족이었습니다. 내 지식 체계에는 선천적으로 결함이 있었기 때문입니다. 이로 인해 학문적 발전 과정에서 나는 '역사적 중간물'의 위치에 처하게 되었고, 의식적으로 '결함이 있는 가치'를 추구하게 되었습니다. 이는 두 가지 측면에서 '자기 분수를 아는 것'입니다. 첫째, 자신이 '무엇을 할 수 있고, 무엇을 할 수 없는가'를 명확히 알아야 합니다. 둘째, 자신이 행하고 추구한 것이 그 자체로 가치 있는 동시에 그 나름의 한계도 있으며, 심지어는 부정적인 결과를 낳을 수도 있는 함정이 존재한다는 것을 명확히 알아야 합니다. 나는 이 두 가지 측면의 '자기 분수를 아는 것'이 가장 중요한 나의 치학 경험이라고 생각하면서 여러분에게 정중하게 소개해보려 합니다. 자세히 말하자면 대략 세 가지 층위의 의미가 있습니다.

첫째, '자신이 무엇을 할 수 있는지 아는 것'입니다. 개성화된 학술 연구를 독립적으로 진행할 수 있는지의 관건은 '자신을 찾아내는 것', 즉 자신에게 맞는 연구 대상을 찾고 자신의 잠재력을 발휘할 수 있는 연구 방향·경로를 찾아내며 자신의 특색 있는 연구방법을 찾는 것입니다. 한평생 나의 가장 큰 '성공'은 바로 처음부터 노신을 찾아낸 동시에 노신과 상통하면서도 또 다른 주작인을 찾아내었으며, 만년에 모택동을 찾아냈다는 점입니다. 이들을 찾아낸 후, 이들로부터 출발해서 상당히 광활한 현대문학 및 당대 정치·사상·문화의 각 영역으로 뻗어나갔습니다. 그럼에도 줄곧 이 세 명의 중심축이 되는 역사적 인물을 꼭 부여잡고, 나의 방식으로 이들의 세계에 진입해 이들에 대한 해석을 통해 나 자신의 사상, 정감 및 창조력과 상상력이 충분히 발휘될 수 있도록 했다는 것입니다. 어떤 학자는 아주 많은 글을 쓰고 많은 영역에 관계되지만, 늘 미미한 느낌밖에 주지 못하고 자신의 특색을 형성하지 못합니다. 그리고 또 어떤 학자는 아주 좁은 연구 대상에 갇혀 있을 뿐만 아니라, 부단히 깊이 들어가는 발굴을 하지 못하고, 결국에는 일정한 성과를 얻는 데 그치고 맙니다. 이는 모두 진정으로 자신을 찾아내지 못했기 때문입니다.

둘째, '자신이 무엇을 할 수 없는지 아는 것'입니다. 앞서 말한 것처럼 나는 처음부터 지식 구조상의 중대한 결함을 의식했습니다. 그래서 '장점을 살리고 단점을 피하는' 글쓰기 전략을 취했습니다. 내 저작을 읽어본 친구들은 내가 시시각각으로 주씨 형제, 특히 노신을 이야기하며 토론 범위가 중국 현대문학·사상·문화·교육·학술에 집중되어 있고, 중국의 고대와 외국(『풍부한 고통』은 단 하나의 예외이지만, 이 역시 내가 상대적으로 익숙한 러시아 문학을 주로 다루었다)에 대해서는 거의 이야기하지 않는 모습을 쉽게 발견합니다. 일단 흥미가 생기면 전공이 아닌 비전문 분야의 화제를 논할 수 있습니다. 예를 들어 시사정치평론을 쓸 때 잘 알지 못하는 정치학·경제학·사회학의 문제와 관련 있다면, 나는 내가 시사에 관심이 있는 보통 시민으로서 발언할 뿐, 절대 감히 전문가를 자처하지 않는다고 정중하게 밝힙니다. 이는 당연히 아주 큰 한계입니다. 어떤 사람은 "전리군은 영원히 노신의 그림자 아래에 있다"고 묘사하고 비판합니다. 나는 이것이 아주 큰 결함이라는 점을 인정합니다. 그래서 부끄럽기도 합니다. 그러나 바꾸고 싶지 않고, 바꿀 수도 없습니다. 다행히 노신의 사상

꿈과 같은 인생 |

이 넓고 심오하며, 선견지명이 있어 발전할 여지가 있습니다. '바꾸고 싶지 않다'는 데에는 객관적인 원인이 있습니다. 내가 학술계에 진입할 때 나이가 많은 편이어서, 지식 구조를 대폭으로 조정하기가 쉽지 않았습니다. 그러나 교훈도 있습니다. 아마 처음에 나는 일정하게 보충수업을 해야 했을지도 모릅니다. 자신이 '할 수 없는 것'을 지나치게 절대적으로 판단하기도 했습니다. 여러분은 아직 젊기 때문에 '무엇을 할 수 있고, 무엇을 할 수 없는지'를 총체적으로 파악하고, 장점을 살리고 약점을 피하는 전제하에서 부단히 자신을 조정하고 발전시키며 '할 수 있는 것'의 범위와 영역을 확대해야 합니다.

셋째, 자신이 할 수 있고 이미 한 일에 대해, 자신의 선택과 추구에 대해 그 한계를 보아야 합니다. 앞서 이야기한 '결함이 있는 가치'는 이런 뜻입니다. 어떤 '가치'의 다른 한 면은 바로 '결함'입니다. '특색'과 동시에 '한계'가 있고, '함정'이 있기도 합니다. 예를 들어 나는 확실히 내 방식으로 노신의 세계에 진입했고, 이는 나의 노신 연구가 다른 연구자와 비교해 특색 있도록 해줬습니다. 게다가 노신 학계의 인정을 얻기도 한 것 같습니다. 그렇지만 동시에 내 방식에 결함이 있음을 명확히 알고 있습니다. 그리고 이를 절대화해 한도를 넘어서면 반대 면에 도달해 노신을 은폐하고 곡해한다는 것도 알고 있습니다.

내가 보기에 이 세 가지, 자신이 무엇을 할 수 있는지, 무엇을 할 수 없는지, 자신의 한계가 어디에 있는지를 명확히 아는 것이 학자의 성숙도를 표시합니다. 그리고 깨어 있어 스스로 경각심을 느끼는 것은 진정한 학자의 가장 중요한 덕목입니다. 이는 적어도 세 가지 장점이 있습니다.

첫째, 진정한 자신감을 갖게 됩니다. 자신의 성장 배후에는 사실 일종의 자괴감이 있습니다. 정확하고 과학적으로 자신을 평가해 자존감을 갖고 자신의 가치를 명확히 알면서도, 자중하며 절대 다른 연구의 노선을 부정하거나 거기에 영합해 자신에 대한 긍정으로 바꿔치기 하지 않습니다.

둘째, 개방적인 연구 자세를 얻을 수 있습니다. 공개적으로 자신의 결함을 선언하고, 동시에 다른 이의 연구 사유 및 방법에 대해 관용적인 태도를 취해 서로 토론하고 비교하면서 고수하고 흡수하며 조정할 뿐만 아니라, 자신을 포함해 타인도 각자의 부족한 지점에서 출발해서 창조성이 풍부한 개척을 진행하는 것을 환영합니다. 진정한 학술적 생명력은 바로 이와 같은 개방성에 있습니다.

셋째, 학술 연구의 성취로 학술 권력을 얻었을 때 자신의 학술적 관점과 방법을 절대화·규범화하지 않으며, 학술 권력의 남용을 피하고, 관점이 다른 사람들의 창조를 억압하지 않습니다. 특

꿈과 같은 인생 |

히 미성숙한 젊은 학자의 창조성을 억압하지 않습니다.

이 때문에 나는 지금 내 인생의 길, 치학의 경험을 소개하면서도 경각심을 갖습니다. 나는 나 개인의 경험을 보편화해 성공적 모델로 여러분에게 알리려는 뜻이 전혀 없습니다. 내 소개가 어떤 측면에서는 여러분에게 계발적이고 사고를 촉진시키며, 또 다른 측면에서는 명확치 않은 것들 또는 의심스러운 것들이 더욱 깊은 사고와 토론을 불러일으키기를 기대할 따름입니다.

결국 길은 자신이 걸어가는 것입니다. 앞선 모든 이의 경험과 교훈은 그저 참고로 제공될 뿐입니다. 그래서 나는 마지막으로 여러분을 축복하고자 합니다.

'자신의 꿈을 꾸고, 자신의 길을 가라!'

2011년 11월 21~25일

전리군과의 대화

연광석　중요한 집담회의 사회를 맡게 되어서 영광입니다. 연광석이라고 합니다. 전리군 선생님의 이번 수상작의 한국어판 역자입니다. 오늘 집담회는 '중국의 사회주의, 자본주의, 민주주의'라는 주제로 다섯 분의 패널의 질문과 전리군 선생님의 답변, 그리고 토론으로 진행됩니다. 관련 자료는 자료집에 있으니 참고하시고, 패널들께서는 최대한 짧게 5~6분 정도의 시간에 중국어로 발표를 해주시고, 짧게 한국어로 요약해서 발언을 마무리해주시면 되겠습니다. 패널의 질문이 끝나면, 곧바로 전리군 선생님께서 패널들의 질문과 의견 등에 대해 답변을 진행해주시면 되겠습니다.

그럼 먼저 오늘의 주인공입니다. 전리군 선생님을 소개하겠습니다. 이어서 패널들 소개입니다. 박재우, 조희연, 백원담, 백승욱, 이홍규 선생님입니다. 참고로 이 집담회의 기획은 이홍규 선생님이 맡아주셨습니다. 토론은 방금 소개한 순서대로 진행됩니다.

박재우 선생님은 1994~1995년 전리군 선생님을 한국외국어대학교에 초청해서 국내에 가장 먼저 전리군 선생님을 소개하신 분입니다. 전리군 선생님은 이때 본격적인 모택동 연구를 시작하셨습니다. 조희연 선생님은 이번 책의 번역 필요성을 직감해 출간 제안을 해주셨고, 최근 중국의 민주주의에 대해서도 논문

연광석 |

"다양하고 훌륭한 연구자들이 함께 모일 수
있는 자리가 만들어진 것도 모종의 '전리군
효과'라 할 수 있지 않을까 싶습니다."

을 쓰신 바 있습니다. 백원담 선생님은 동아시아 냉전의 맥락에
서 전리군 선생님의 작업의 의미를 살펴주실 것이고요. 백승욱
선생님은 국내에서 가장 먼저 문학사가 아닌 역사/사상 연구
자로서의 전리군 선생님의 작업에 주목해서 소개하신 분입니다.
오늘은 문혁과 관련한 토론을 해주실 것이고요. 이홍규 선생님
은 중국의 민주사회주의에 대해 상당 기간 관심을 두고 연구를
해오셨습니다. 오늘은 개혁개방 이후의 좀 더 가까운 역사에 대
한 토론을 해주실 것입니다.

　마지막으로 사회자로서 한마디만 덧붙이겠습니다. 오늘 이
자리에는 패널 구성도 다양하고, 청중으로 오신 선배 연구자들

도 다양한 분야에서 활동하고 계십니다. 모두 중국 전문가들이시고 중국을 연구하고 계신데, 사회과학과 인문학 사이에 교류가 그다지 많지 않다고 들었습니다. 이렇게 다양하고 훌륭한 연구자들이 함께 모일 수 있는 자리가 만들어진 것도 모종의 '전리군 효과'라 할 수 있지 않을까 싶습니다. 심도 있는 논의가 기대됩니다.

1

노신과 나의 인생

곡절 많은 인생과 좌우명

박재우   오늘 도서출판 한울의 초청으로 전리군 선생님의 『모택동 시대와 포스트 모택동 시대 1949~2009: 다르게 쓴 역사』 한국어 번역본의 출판 기념 집담회에 참가할 수 있게 되어 영광으로 생각합니다. 저는 오늘 주빈인 전리군 선생님과는 아주 인연이 깊기에 특별히 반갑게 생각합니다. 한중 수교 직후인 1992년 12월 제가 중국학 관련 교수단의 일원으로 북경을 방문하면서 처음으로 전리군 선생님을 알게 되었는데, 저보고 처음 알게

된 한국인이라고 반가워했습니다. 1년 후인 1993년 12월 전 선생님을 한국에서 열린 한·중·일 학자가 참가하는 최초의 국제 노신학술대회에 초청해 만나게 되었고, 그때의 감동적인 기억은 아직도 생생합니다. 제가 한국외대 중국어과 학과장으로 있던 1994년 9월에 또 전 선생님을 교환교수 자격으로 1년간 한국외대로 초청해 같이 동료로 지내기도 했습니다. 그때 '민주화를 위한 전국교수협의회'에 소개해 중국 지식인 문제에 대해 강연회를 열기도 했습니다. 나중에 전 선생님이 귀국한 뒤에도 제가 북경에 가면 단속적으로 만나 끈을 놓지 않고 죽 교류해왔습니다. 2000년에는 전 선생님의 초청으로 북경대학에서 전 선생님 강의 시간을 활용해 한국의 노신 수용에 대해 특강을 하기도 했습니다. 올해로 딱 교류 20년이 되는 셈인데 이 기념적인 해에 다시 만나니 반가운 일이 아닐 수 없습니다.

　모두들 아시는 바와 같이 73세의 전리군 선생님은 전임 북경대학 중문과 교수로 중국 현대문학계에서는 학생들로부터 가장 환영을 받으며 영원한 청년 학자로 불렸습니다. 또한 중국 노신 연구계의 가장 대표적인 학자이기도 합니다. 그러나 2002년 부득이 정년퇴직한 후 선생님이 펼친 각종 활동과 출판한 저작으로 볼 때, 비단 교육자로서 노신의 작품과 정신을 중학생과 초등학생에게 보급하는 데 앞장섰을 뿐만 아니라 모택동 연구를 통해 중국 당대 역사에 대해 비판적인 성찰을 추진하고 있습니다. 아주 소중한 일이라고 하겠습니다. 나중에 듣기에 전 선생님의 모택동 연구가 한국외대의 외국인 기숙사에서 시작되었다고 하니, 지금 저는 '그때 이 중요한 문제에 대해 좀 더 많은 가르침을 청할 것을' 하고 후회하기도 합니다.

다행히도 이번 기회를 이용해 전 선생님의 과거 저술과 새로운 저작을 뒤적이며 전 선생님의 학술과 실천에 관한 문제를 생각할 수 있었고, 또 이렇게 직접 가르침을 청할 수 있어 위안이 됩니다.

오늘 집담회에 참가하신 분들은 서로 전공과 관점이 다른 분들이라 저는 전 선생님의 인생 체험과 노신 연구 및 학술 실천과 관련된 문제에 대해 질의 드리고자 합니다.

먼저 전 선생님의 가정 배경과 처지를 살펴보면, 지극히 우여곡절이 많았고 또 지난했다는 것을 알 수 있습니다. 아버지는 국민당 고관이었기에 형제 몇과 함께 대만으로 갔고, 어머니와 다른 형제자매는 대륙에 남게 되었으니, 전 선생님의 가정은 전형적인 이산가족인 셈이었습니다. 전 선생님의 아버지가 국민당 고관이었지만, 형 한 명은 공산당원이었고, 누나 한 명은 해방군이 되어 반동관료 집안의 성격과 혁명군 집안의 성격이 중첩되어 있었습니다. 전 선생님은 1939년 중경(重慶, 충칭)에서 태어나 나중에 남경과 상해(上海, 상하이)의 초등학교와 중학교에서 공부했고, 북경에서 대학을 마친 후 '중도 우파'로 분류되어 귀주에 교사로 파견되어 18년을 보내게 됩니다. 39세에 다시 북경대 대학원에 지원해 학위를 받고 학교에 남아 중문과 교수로 교편을 잡았으며, 2002년 정년퇴직을 합니다. 전 선생님은 우여곡절에 차고 복잡하며 어려운 과정을 거쳐 원하던 선생님이 되었습니다. 모두들 학자로서, 교육자로서, 또한 지식인으로서 전 선생님을 높이 평가하고 있습니다. 전 선생님은 이제 70세가 넘으셨는데 한평생을 회고하자면 소감이 어떠신지요? 가장 고통스럽고 참기 어려웠던 점은 무엇이었는지요? 난관을 극복할 때 전 선생님께 가장 큰 영향을 미쳤던 좌우명으로 어떤 것이 있는지요?

전리군　박재우 선생님의 첫 번째 질문은 내 인생의 길에 관한 것입니다. 박재우 선생님이 소개한 바와 같이, 내 인생은 비교적 곡절이 많고, 어떤 전기적 특성이 있습니다. 그런데 내 모든 고난은 모두 정신적 자원으로 전화(轉化)됩니다. 귀주의 기층 사회에서 생활한 18년은 사람들이 보기에 유배 간 것 같지만, 지금 그 귀주는 나의 중요한 정신적 기지가 되었습니다. 나는 북경에서 정신적 위기에 봉착하면 곧 귀주로 돌아가 정신적 원기를 흡수합니다.

그러나 여기에는 하나의 전화 과정이 있습니다. 전화를 거치지 않으면 많은 사람들은 고난에 압도당하고 파멸합니다. 실제로 당시 농촌으로 하방(下放)된 지식청년들 대부분은 모두 파멸됐습니다. 오늘날의 수많은 실직[下崗] 노동자가 당시의 지식청년입니다. 진정으로 고난 속에서 걸어 나와 사회적 엘리트가 된 이들은 소수입니다. 그리고 의식적으로 당시의 고난을 정신적 자원으로 전화한 이는 더욱 소수입니다. 그래서 소수의 경험과 체험만으로 문화대혁명(문혁)이 필요했고 지식청년운동이 정확했다고 말할 수는 없습니다. 문혁, 지식청년운동은 근본적으로 말해서 반(反)지식·반(反)문화적인 역사적 재난이었습니다. 그것은 수많은 사람을 파멸로 몰아갔습니다. 육체적인 파멸뿐만 아니라 정신적으로도 괴롭히고 학대했습니다. 그래서 누군가 내 경험과 체험을 보편화하고 이상화하는 것을 극도로 경계합니다. 내 인생의 길은 개인적이고 보편성이 없다고 반복해서 강조합니다. 이는 오늘 내가 할 토론의 전제이기도 하고요.

내가 어떤 '고난'을 겪었던 것일까요? 주요하게는 역시 정신적 학대였고, 더욱이 정신적인 해독이었습니다. 나는 아주 많은 글에서 나와 부친 사이에 선을 긋도록 강요받은 것이 가장 고통스러웠다고 이야기한 바 있습니다. 이는 그가 국민당 정부의 고관이었고 혁명의 '적'이었기 때문입니다. 그래서 문혁 중에 내 손으

1. 노신과 나의 인생

| 전리군

로 부친의 사진을 불태워버리기까지 했습니다. 이는 '중국 특색'
적인 측면을 아주 잘 보여줍니다. 늘 '혁명'이라는 이름으로 인성
과 인륜의 최저선에 도전합니다. 즉, 사람이 자신의 혈육인 가족
을 파멸시킬 수 있을 정도로 무정해지면, 하늘의 뜻을 해치는 어
떤 일도 할 수 있게 되는 것입니다. 그래서 나는 문혁의 가장 큰
죄악은 인간의 살성(殺性)을 유발해 전 민족의 대학살을 초래한
점이라고 말한 바 있습니다. 모든 사람이 살해 대상이자 피해자
이고, 또한 정도는 다르지만 살육에 참여해 손에 타인의 피를 묻

히게 됩니다. 나 자신이 반우파운동과 문혁 중에 고발당하고 비판받았을 뿐만 아니라 타인을 고발하고 비판하기도 했으며, 마음에 거슬리는 말과 일을 많이 했습니다. 이는 가슴이 에이는 고난의 기억이며, 일종의 죄의식을 가져옵니다.

이것이 바로 중국식의 전체주의[極權] 체제하에서 체제와 개인의 관계입니다. 모든 사람은 체제가 통제하고, 나아가 박해하는 객체이자 대상이며, 또한 체제의 주체이자 참여자입니다. 체제가 인성을 소외시키고 소외된 인성이 다시 체제를 지지하는 것이라 할 수 있습니다. 이것이 바로 중국의 전체주의 체제 비판을 곤란하게 만드는 특수한 점입니다. 왜냐하면 이 체제는 이미 모든 역사 참여자들의 삶과 뒤엉켜 있고, 체제의 관념과 사유가 이미 영혼에 침투해 있으며, 체제의 폐단을 비판하고 정리하는 것이 곧 자신을 비판하고 정리하는 것이기 때문입니다. 내가 『모택동 시대와 포스트 모택동 시대 1949~2009』를 쓸 때 가장 곤혹스러웠던 것이 모택동이라는 문제가 단순히 그의 문제가 아니라, 바로 나의 문제라는 점이었습니다. 나의 모택동 비판은 거의 모두 나 자신에 대한 비판입니다. 이는 아주 고통스러운 심리 과정입니다.

박재우 선생님은 내가 고난을 경험하는 과정에서 끝까지 지탱할 수 있었던 정신적 힘이 어디에 있었는지 그리고 또 무엇을 좌우명으로 삼았는지 물었습니다. 나는 북경대학에서의 마지막 강의에서 학생들에게 내 인생의 3대 좌우명을 이야기했습니다. 이는 문혁 기간에 찾아낸 세 마디 말입니다. 첫 번째 말은 굴원(屈原)의 것입니다. 바로 "길은 멀고 험하네. 나는 하늘로 땅으로 내가 찾고자 하는 것을 구하노라(路漫漫其修遠兮, 吾將上下而求索)"입니다. 두 번째 말은 노신의 것입니다. "영원히 진격하라." 즉, 영원히 전진하고, 영원히 저항하며, 영원히 진공(進攻)하는 상태를 유지하는 것입니다. 세 번째는 문혁 중에 유행했던 청년 모택동의 말입니다. "운명 앞에서 머리가 깨져 피 흘려도, 절대 뒤돌아보지 말라." 이 세 마디 말은 제가 세 가지 정신 자원, 즉 중국 전통문화·노신·모택동의 영향을 받았음을 잘 보여줍니다.

노신 연구

박재우 두 번째 질문을 드리겠습니다. 1980년대 이래 중국의 노신학계는 "노신으로 돌아가자"는 구호를 제창해 새로운 각도에서 노신을 연구한 각종 저작이 출현했습니다. 제가 알기로 전 선생님은 『영혼의 탐색』, 『주씨 형제 이야기—북경대학 강연록의 하나』, 『당대 노신에 접근하며』, 『노신작품 15강』, 『노신과의 만남—북경대학 강의록의 둘』 등을 출판했습니다. 전 선생님

"전 선생님의 인생 체험과 노신 연구 및
학술 실천과 관련된 문제에 대해
질의 드리고자 합니다."

의 노신 연구의 주요 특징으로는 여러 사람이 지적하는 바와 같
이 '노신과의 정신적인 만남', '역사적 중간물 개념의 제기', '입인
(立人) 사상의 강조', '단위 이미지를 통한 텍스트 자세히 읽기' 등
이 있습니다. 전 선생님의 노신 연구의 동기와 방법론 및 특징과
성과에 대해 소개해주실 수 있으신지요?

전리군   박재우 선생님의 두 번째 질문은 나의 노신 연구에 관
한 것이군요. 『모택동 시대와 포스트 모택동 시대 1949~2009』
가 출판된 후, 홍콩에서 이 책에 관한 토론회가 열렸습니다. 그

중 제 친구이기도 한 젊은 친구가 아주 훌륭한 개괄*을 했습니다. "모택동은 전리군의 현대문학 연구와 노신 연구의 배후에 감추어져 오랫동안 공개되지 않았는데, 지금 이 책으로 나온 것"이고, 그래서 이 양자의 관계를 토론할 수 있게 되었다는 것입니다. 내 청소년기의 정신적 스승이 노신과 모택동이었고, 학술 연구는 거의 일종의 자기정리라는 것을 아주 잘 알 수 있습니다. 이렇게 내 삶과 학술 작업은 줄곧 이 두 사람과 뒤얽혔고, 마침 이 둘은 현대 중국에서 가장 중요하고 소홀히 다룰 수 없는 존재였습니다. 이는 내게 큰 행운이며, 내 연구가 중시되는 이유 역시 내 삶과 학술이 역사의 두 거인과 연결되어 있기 때문입니다.

첫 연구 논문은 1962년에 썼는데, 올해로 마침 50년이 되었네요. 제목이 바로 「노신과 모택동」이었습니다. 이때 내 최초의 노신관은 '모택동의 눈으로 본 노신'이었습니다. 이러한 관조는 그 나름의 긍정적 의미가 있습니다. 예를 들어 당시 나는 노신과 모택동을 '동방 풍격(東方風格)'의 대표로 보았고, 내가 이해했던 '동방 풍격'은 곧 모택동이 말한 '경골한(硬骨漢)' 정신과 '끈기 있는 전투정신'이었습니다. 이러한 노신관과 모택동관은 내가 지금도

---

* 상해대학 박사과정의 왕상(王翔, 왕샹)이 홍콩에서 개최된 『毛澤東時代和後毛澤東時代 1949~2009: 另一種歷史書寫』의 출판기념토론회에서 발표한 글을 말한다.

견지하는 것입니다.

그렇지만 부정적인 면도 있는데, 노신의 사상을 단순히 모택동의 사상적 틀 안에 놓고 표면적으로 노신의 독립성을 소홀히 했으며, 심층적으로는 나를 포함하는 지식인의 독립성을 상실했습니다. 즉, 모택동 시대 중국 지식인의 근본적인 문제입니다. 이는 나에게도 극단적으로 나타났습니다. 문혁 중에 나는 모택동을 무조건 받드는 모택동주의자가 되었습니다. 문혁이 끝난 후에야 나는 모택동의 문제를 의식했고, '모택동으로부터 벗어나야'한다고 느꼈습니다. 이를 위해 먼저 '모택동의 시각으로 내려다본 노신'이 아니라 모택동의 시각을 넘어선 노신을 발견하고, 독자적인 노신관을 형성해야 했습니다. 동시에 노신을 정신적 지주로 삼아 의지함으로써 '절망 속에서의 자기구제'에 도달해야 했습니다. 이는 '모택동 세계에서 노신 세계로 전환하고, 노신을 거점으로 해서 모택동 시대를 반성'하는 머나먼 정신적 역정(歷程)입니다.

신좌파와 자유주의의 논쟁

박재우   『모택동 시대와 포스트 모택동 시대 1949~2009』는 내부 경험자의 입장에서 쓰셨고, 사회과학적 연구방법론과는 다른 방법의 글쓰기로 많은 사료를 동원하면서도 저자의 감성과 잘 배합해 세밀히 분석하고 있습니다. 이러한 방식으로 창조성을 띠면서 설득력을 갖춰 매우 놀랐습니다. 이 같은 저작은 처음 보았습니다. 특히 전 선생님은 현재 중국의 현실 문제를 첨예하게 비판하고 있습니다. 다만 전 선생님의 저작 가운데에는 글 쓰는 사람으로서의 통찰적인 안목과 변증법적인 사고가 발견되지만, 사상적 입장과 대안의 발견은 쉽지 않습니다. 중국에서는 1990년대부터 자유주의와 신좌파 논쟁이 있었고, 눈앞의 현실을 마주해도 이 두 입장의 대립은 첨예할 것입니다. 그렇지만 이 책에서는 두 입장을 모두 찾을 수 있을 것 같습니다. 이는 마치 중국의 미래에 대한 전 선생님의 입장과 태도, 비전이 명확하지 않기 때문이 아닌가 합니다. 이 문제에 대해 친절한 설명을 기대합니다.

전리군 1990년대 지식인 가운데 벌어진 신좌파와 자유주의 사이의 논전 속에서 나는 어떤 입장인가 하는 질문입니다. 사실 나는 이 두 파에 동의하면서도 다른 입장에 서 있습니다. 이에 대해 전문적인 토론을 해보겠습니다.

　여기에서 이야기할 것은 내가 어떻게 자신의 관점을 세웠는가 하는 것입니다. 내 방법은 역시나 노신에게서 안심입명(安心立命)

의 근거를 찾는 것이었습니다. 박재우 선생님의 말처럼, 나는 노신 연구에서 몇 가지 개념을 제기했습니다. 이러한 개념은 내 삶의 선택과 직접적으로 관련됩니다. 이는 내 노신 연구의 특징을 아주 잘 보여줍니다. 즉, 연구는 내 삶과 밀접하게 얽혀 있어 삶의 발전과 함께 노신을 보는 시기와 관심이 달라졌고, 이를 통해 또 다른 부분을 발견했던 것입니다.

1980년대에는 '역사적 중간물'로서의 노신을 제기해, 역사적 전환기에 '창끝을 되돌려 자기편을 공격'하지만 동시에 '뒤얽혀 벗어날 수 없는' 노신과 중국 전통 사이의 복잡한 관계를 강조했습니다. 이 또한 일종의 자기 깨달음이어서, 모택동에서 벗어나고자 하지만 그러지 못하는 나의 정신적 어려움을 은연중에 포함하고 있습니다. 1990년대에 진행된 지식인의 분화 속에서 나는 또 '정신계 전사' 노신, '진정한 지식계급'의 노신, 나아가 박재우 선생님이 말한 '입인'의 노신을 발견했습니다. 더욱 정확히 말하자면, 나는 노신으로부터 새로운 정신적 자원을 찾아내어 1990년대의 현실 생활 속에서의 생존적 선택과 자기 위치지음[定位]으로 삼았던 것입니다. 이는 '학자'와 '정신계 전사'의 결합을 실현하려는 것입니다. 즉, 노신 식의 '진정한 지식계급'이 되어 '입인'을 최종 목표로 삼고, 영원히 평민의 편에 서서 현실에 만족하지 않는 비판자가 되는 것이었습니다. 2009년 나는 대만에서의 강연에서

1. 노신과 나의 인생

'좌익 노신'이라는 개념을 제기했습니다. 이는 더욱 명확한 현실적 과녁을 갖는 것인데, 다음에서 상세히 토론할 것입니다.

'나의 노신관'이라는 기본적인 구조를 완성한 이후, 모택동이 무대 앞으로 나올 수 있게 되었고, 결국 『모택동 시대와 포스트 모택동 시대 1949~2009』를 얻었습니다. 자세히 읽어보면 내가 중국 혁명과 개혁개방의 역사에 대해 해석력과 비판력을 갖춘 역사 서술과 이론 구조를 세우고자 실험하고 있다는 것을 알 수 있을 것입니다. 이는 내가 내적으로 매우 크게 추구하는 것입니다. 그리고 이론적으로 주요한 자원 두 가지가 있는데, 바로 노신과 민간사상입니다. 이렇게 나의 노신 연구는, 어쩌면 민간사상 연구도 포함해서, 모택동 연구와 통일되었습니다.

중국 및 세계 노신학계에 대해

박재우 세계 노신학계에서는 '거리를 유지하면서 노신을 연구하는' 분이 많지만 '노신을 끌어안기', 즉 '현실 의의를 더욱 중시하는' 분도 있습니다. 구미의 노신 전문가가 대개 전자에 속한다면, 중국과 한국, 일본의 일부 학자는 후자에 속할 것입니다. 후자의 대표 학자로는 일본의 다케우치 요시미(竹內好), 한국의 리영희, 중국의 전리군 등을 꼽을 수 있다고 봅니다. 이들은 사상가형 학자요, 실천자적 학자이기도 합니다. 제가 볼 때 '다케우치 노신(竹內魯迅)', '리영희 노신(李泳禧魯迅)', '전리군 노신(錢理群魯迅)'으로 부를 수 있을 겁니다. 전 선생님은 노신 연구에서 한중일 학자와 구미 학자 간의 차이가 어디서 기인한다고 보시는지요? 목하 중국에서는 노신 정신을 발휘한다는 시각에서 중국의 현실 문제를 들여다보거나 비판하는 학자로는 어떤 분이 있는지, 혹 한두 분 추천할 수 있는지요? 또 현재 중국의 특별히 소개할 만한 노신 연구의 최신 경향이 있는지요?

전리군   박재우 선생님이 중국과 국제 노신 연구에 대한 나의 의견을 물었는데요, 나는 일찍이 하나의 관점을 제출해서 중국 학술계에 아주 큰 논쟁을 불러일으킨 바 있습니다. 나는 우리가 노신을 연구할 때 노신뿐 아니라 노신에 이어서 이야기해야 하며, 나아가 노신에 이어서 실천해나가는 것이 최선이라고 생각합니다. 이는 사실 앞서 말한 노신의 '정신계 전사'라는 사유를 이어가는 것입니다. 즉, 역사 연구는 현실에 대한 애착(이어서 이야기하기)을 요구하고, 연구와 실천이 결합되어야(이어서 실천해나가기) 합니다.

  이러한 내 관점에 반발도 있었는데, 여기에는 학자 유형이 두 부류로 나뉘는 모습을 볼 수 있습니다. 하나는 '학술을 위한 학술'을 하는 '순수 학자'이고, 다른 하나는 '학자와 정신계 전사'의 결합입니다. 내가 보기에 이 두 유형은 각자 가치와 한계가 다른, 상호 보완적인 선택입니다. 그러나 작금의 중국 학계에서 후자는 전자에게 용납되지 않습니다. 나는 내가 논쟁적 인물이라고 여러 번 이야기했습니다. 통상 나를 비판할 때 내가 과도하게 해석하고 주관이 매우 강해 객관성과 과학성이 결여되었다고들 합니다. 그 속뜻은 '학자답지 않다'는 것이지요. 나는 보통 이런 부정적인 비판에 반박하지 않습니다. 그것에 구애 받지 않고 내 갈 길을 갑니다. 왜냐하면 나만의 신념이 있기 때문입니다. 그 신념이란 모름지기 창조적 연구라면 반드시 자신의 연구 대상을 부단히 연구하고 새롭게 발견해서 진일보한 해석과 응용을 내놓아야 한다는 것입니다.

중국의 유학은 분명 공자가 개창한 것입니다만, 후대의 연구자는 모두 '주석가'일 뿐 아니라 '강론자'이기도 했습니다. 스스로 응용하고 자신만의 것을 창조해야 했습니다. 즉, 우리가 말한 '이어서 말하고, 이어서 실천하기'를 했습니다. 동중서(董仲舒), 주희(朱熹), 나아가 왕양명(王陽明) 등 모두가 그러했습니다. '유학의 대가'로 불리는 이들 연구자 모두가 유학의 정수(精髓)를 스스로 응용하고 추가한 바가 있습니다. 오늘날 우리가 '유학'이라고 부르는 것은 공부자가 개창한 그 기초 위에서 역대 학자가 공동으로 창조해낸 결정체입니다.

'노신학(魯學)'도 마찬가지입니다. 분명히 노신이 창조한 것이지만, 창조적인 노신 연구자 모두가 각자 공헌한 것입니다. 구추백부터 이하림(李何林, 리허린), 당도(唐弢, 탕타오), 왕요에 이르는 중국의 노신 연구계의 선배 학자들 모두 사실 '노신을 이야기하고, 이어서 이야기하며, 또한 이어서 실천'한 사람들입니다. 국외의 노신 연구자들, 예를 들어 다케우치 요시미는 일본의 현실과 결합시켜 '다케우치 노신'을 창조했고, 리영희 선생의 가장 중요한 부분도 노신에 대한 이해를 사회적 실천으로 전화해, 한국의 사상계와 사회운동에 중대한 영향을 끼쳤다는 점입니다. 이는 모두 모범으로서의 의의가 있습니다.

내가 보기에 현실에 대한 애착과 실천성을 추구하는 학술 연구는 우리의 연구 대상인 노신의 특성이 결정한 것입니다. 나는 여러 곳에서 다음과 같이 말한 바 있습니다. "모순을 연구하는 것은 매우 객관적으로 진행할 수 있는데, 그것은 연구 대상과 연구자 자신의 삶 사이에 어떤 관계도 발생하지 않을 수 있는 것이다. 그러나 노신은 순수하게 객관적으로 연구하기가 아주 어렵다. 그는 영원히 중국 사회에 살아 있는 '현재형'의 존재이며, 우리는 그를 감상을 위해 박물관에 전시된 골동품으로 대할 수 없다. 그는 우리의 삶과 뒤얽혀 있으며, 우리의 현실 생활에 참여하고 있다. 노신과 노신 연구의 특수한 매력이 바로 여기에 있다." 노신 연구계는 '학자이자 정신계 전사'라는 전통이 있으며, 과거에도 있었고 지금도 있으며, 앞으로도 부단히 출현할 것입니다. 노신은 영원히 창조적 활력이 최고인 젊은 학자들을 매료시켜, 그를 연구하고 학습하도록 할 것입니다. 나는 이를 조금도 의심하지 않습니다.

2

민간사회주의

조희연　　저는 개인적으로 '중국 특색의 민주주의'에 대한 고민이 있어야 한다고 봅니다. 이를 위해서는 서구식 민주주의의 실제 형태를 '절대적'이라 보는 '과잉보편주의'적 민주주의관과, 민주주의를 서구적·미국적인 변종으로 파악하고 이를 마치 서구 제국주의적 문물의 이식처럼 생각하거나 서구의 패권적 근대성의 수용으로 보고 전면적으로 거부하는 '과잉특수주의'적 민주주의관을 극복해야 한다고 생각합니다. 중국의 민주주의에 대한 전리군 선생의 생각을 들려주시기 바랍니다.

문제는 많았지만, 소련 공산주의 체제의 붕괴는 '대안 부재

| 조희연

"중국의 내재적인 민주주의적 요소와
결합시켜 재구성하면서
'사회주의민주'를 실험해야"

(There is no alternative)' 상황을 낳았고, 그 결과 전 세계적으로
신자유주의적 지구화라는 '괴물'을 탄생시켰습니다. 만일 중국
공산주의 체제가 붕괴하면 세계의 정치 지도는 더욱더 우경화
할 것이라고 생각합니다. 그런 점에서 '중국 특색의 민주주의'를
통해서 아래로부터의 좌파적·저항적 운동과 결합하며 중국의
긍정적인 사회주의적 요소를 방어·확대해가야 한다고 생각합
니다. 단적으로 저는 서구식의 '부르주아 민주주의'와 서구 민주
주의에 내장된 '민주주의적 요소'를 분리해, 후자를 '중국 사회
주의 정치체제의 풍부화'라는 각도에서 중국의 내재적인 민주

백승욱 |
"'아래로부터의 민간 이단사상'과 위로부터의
중국 공산당이 주도한 '사회주의'의 구도의
교직 속에서 역사를 이해해야"

주의적 요소와 결합시켜 재구성하면서 '사회주의민주'를 실험해
야 한다고 생각합니다. 이에 대한 전리군 선생님의 생각을 듣고
싶습니다.

백승욱　문혁의 효과로서 자율적 대중과 변혁 사이의 아포리
아, 그리고 폭력이라는 쟁점을 대면해 중국에서 형성된 중국적
자유주의와 지식인의 문제라는 독자적인 쟁점이 있습니다. 서우
어(徐友漁, 쉬유위)나 진휘(秦暉, 친후이)의 사례가 보여주듯이, 이미
그 이전에 이일철(李一哲, 리이저)에서 진이진(陳爾晉, 천얼진), 서수

량(徐水良, 쉬수이량), 서문립(徐文立, 쉬원리), 위경생(魏京生, 웨이징
성) 등 '북경의 봄' 기간에서 볼 수 있듯이, 중국의 자유주의 논쟁
은 '중국사회성격논쟁'과 긴밀히 연관되어 제기되는 '사회주의민
주'라는 질문을 배경으로 합니다. 이런 배경 때문에, 이 질문이 개
혁개방 시기에 시장 자유주의에 상당히 침윤되더라도, 처음 등장
한 연원으로 돌아가 제기되는 핵심이 사라지지는 않습니다.

이와 관련해 '문혁 이단사조'와 그 이후의 발전이 모택동의 문
혁에 대한 '안티테제'였던 것은 분명한데, 그것이 모택동의 한계
를 확실히 넘어섰는지는 아직도 논란거리일 것으로 보입니다.
따라서 전리군 선생님의 모택동에 대한 해석은 이 조반파(造反派)
의 역사와 모택동 사이의 '교직(交織)'의 측면을 너무 제거하는 게
아닌가 하는 질문이 제기됩니다. 모택동은 대중운동의 이단적
사상을 흡수해 이론화하고, 이단사상을 당내의 논쟁 구도로 끌
어들여 당을 관통시키고 그로써 당의 '철의 통일성'을 파괴했지
만, 이로 인해 대중은 항상 절대 이데올로기의 통일성이란 대가
를 치러야 했습니다.* 1968년 여름으로 가는 동안 이 긴장된 모
순이 급속히 한 방향으로 해소되고, 그 결과 '노동자계급이 일체

----

*   문혁의 패러독스 가운데 하나로, 대중의 이단성을 이용한 당 관료주의의 반
     대와 체제에 대한 부정이 대중 속에서는 이데올로기적 독재/통일성으로 표
     현되었다.

이홍규 |
"문제는 민주주의와 사회주의가
역사적 현실에서 제대로 조우하지
못함으로써 발생했습니다."

를 지도하자'는 구호가 등장합니다. 이와 더불어 여러 모순적 긴장은 무너지고, 매우 스탈린주의적 체제가 전체적으로 자리 잡습니다. 그 과정을 시초의 맹아가 전면적으로 개화하는 과정으로 볼 수도 있겠지만, 그렇다면 우리가 문혁의 비극적 경험에서 얻는 교훈은 너무 작은 것이 아닐까 싶습니다. 그 과정에서 불거진 문제는 중국을 넘어서 꽤 보편적으로 제기되는 질문이기 때문에 그렇습니다.

이홍규   저는 중국 사회주의에서 민주주의 문제, 특히 '사회주의민주' 의식의 형성과 실천 및 그 미래에 큰 관심을 갖고 연구하고 있습니다.

민주주의에 관한 사상 논쟁은 역사적으로 매우 복잡하게 이루어졌고, 민주주의의 실현체로서의 정치체제 모델은 세계사적으로 매우 다양했습니다. 중국은 사회주의 정치체제를 선택했으며, 그러므로 중국의 민주 모델은 사회주의 이데올로기와 세계관 속에서 기획되어왔습니다. 따라서 중국의 민주 모델에 대한 연구는 중국 사회가 자유민주주의가 제시하는 정치사회적 가치관과는 매우 다른 가치관의 토대 위에 서 있다는 점을 인정하고, 비서구적이고 비자본주의적인 민주화 모델을 지향할 가능성을 탐구할 필요가 있습니다.

그러나 이러한 시각이 중국의 민주주의 모델에 대한 건설적 비판을 포기하는 것은 아닙니다. 오히려 이러한 연구는 중국이 스스로 설정한 민주주의 모델의 한계를 정확히 지적할 수 있어야 합니다. 서구적 편향에 빠지지 않으면서도 중국의 민주주의 모델을 위한 건설적 대안을 제시할 수 있기 때문입니다. 이러한 측면에서 전리군 선생님의 『모택동 시대와 포스트 모택동 시대 1949~2009』의 출간은 큰 가치가 있습니다. 이 책은 중화인민공화국 건국 이후 중국 사회주의가 민주주의를 배제한 채 '전제적' 사회주의 체제를 형성하고 공고화해온 역사적 과정을 잘 설명해주고 있기 때문입니다.

과거 국가사회주의 체제에서 통용된 '사회주의민주' 개념은 본래 '프롤레타리아트 계급(민주)독재'를 뜻했습니다. 이는 '순수한 민주주의' 내지 '초계급적 민주주의'는 존재하지 않는다고 보며, 국가를 계급독재의 관철 형태로 보아 독재와 민주주의는 서로 대립하는 개념이 아니라고 보는 것입니다. 따라서 사회주의 국가는 다수 대중인 프롤레타리아트 계급독재이자 프롤레타리아트 계급 민주주의이므로 사회주의국가만이 실질적 민주주의 체제라고 해석되었습니다. 그 때문에 '사회주의민주' 지지자들은 '사회주의민주'의 실현이 사회주의국가의 수립 그 자체라고 인식했고, 주로 '자본주의민주'의 허구성과 제한성을 증명하는 데 주력했습니다. 하지만 '프롤레타리아트 계급독재'론은 '사회주의민주'와 양립하지 못함이 역사적으로 드러났습니다. '프롤레타리아트 계급독재'에서 사회가 국가권력을 환수하기는커녕 오히려 국가가 사회의 주인이 되었습니다. 즉, 문제는 민주주의와 사회주의가 역사적 현실에서 제대로 조우하지 못함으로써 발생했습니다. 소련의 몰락에서 보이듯, 사회주의는 거꾸로 '인민의 힘(people's power)'에 의해 부정당하는 역설이 발생했습니다.

전리군 선생님은 중국의 국가사회주의 체제에 저항해 '사회주의민주'의 실현을 요구했던 '민주적' 사회주의자들의 목소리를 복원해주었습니다. 그러나 선생님께서 밝혀준 것처럼 1957년 우파

청년들은 사실 '사회주의민주'를 주창한 '민주적' 사회주의자였지만, 이들은 중국 사회주의에서 숙청되고 주변화되었습니다. 모택동의 '대민주'는 '전제'적 국가사회주의에서 관료체제를 극복하려했지만 결국 모택동 일인의 권력을 강화시켜 '전제'적 사회주의가 오히려 더욱 강화되었습니다. 그렇다면 선생님께서는 개혁개방 이전 중국 사회주의 체제가 사회주의민주를 실현하지 못했던 원인이 어디에 있었다고 생각하시는지요? 모택동 등 지도자들의 야심과 중국 공산당의 무능력 때문이라고 보시는 것인지, 아니면 중국뿐 아니라 전 세계 사회주의국가에서 일반화된 국가사회주의 체제의 본질적인 한계라고 보시는 것인지요? 1957년 '민주적' 사회주의자들이 추구했던 '사회주의민주' 노선이 수용되었다면 오늘날 중국은 어떤 길을 밟고 있을까요? 선생님의 '사회주의민주'에 대한 입장은 어떤 것인지 고견을 듣고 싶습니다.

두 가지 사회주의

전리군   조희연 선생님과 이홍규 선생님의 질문을 통합하고자 합니다. 왜냐하면 모두 '사회민주주의'의 문제에 관심을 갖고 있기 때문입니다. 그리고 아울러 백승욱 선생님의 문제, 즉 내가 이야기한 '두 가지 사회주의'인 모택동의 사회주의와 민간 사회민주주의 각각의 자원에 대한 질문을 토론해봅시다.

내가 보기에 이것들은 국제공산주의의 두 맥락에서 온 것입니다. 모택동의 자원은 방금 여러분이 언급한 것과 내가 언급한 중국 전통의 자원 이외에, 공산 운동 내부에서 기본적으로 레닌주의와 스탈린주의의 전통을 계승했습니다. 그리고 중국 민간 사회의 마르크스주의자는 내가 책에서 언급한 고준(顧準, 구준)과 같이 자칭 사회민주주의자인데, 일찍이 지난 1950년대에 제2인터내셔널의 베른슈타인(Eduard Bernstein)과 카우츠키(Karl Johann Kautsky)에 대해 새로운 평가를 내렸습니다. 1957년 북경대학의 우파 담천영(譚天榮, 탄톈룽) 및 임희령(林希翎, 린시링)과 같이 학생 중의 사회민주주의자들은 백승욱 선생님이 이야기한 것처럼 주로 당시의 국제 사회주의 개혁운동의 영향을 받았습니다. 그들은 흐루쇼프(Nikita Sergeyevich Khrushchyov)의 비밀보고와 티토(Tito, 본명은 Josip Broz)의 유고슬라비아 노동자 자치 사상을 접하고 직접적인 계시를 받았습니다. 따라서 1957년 중국 대학에서 '진정한 사회주의'를 요구한 운동은 국제 사회주의 개혁운동의 유기적 구성 부분이라고 말할 수 있습니다. 모택동의 제창에 따라 이 세대는 제3세계에 매우 관심을 두었으며, 당시 우리의 '상상 속의 국제사회'에서 제3세계, 즉 민족독립국가는 사회주의국가의 전우였고, 서방 제국주의와 대립하는 것이었습니다. 그러

2. 민간사회주의

나 우리는 제3세계의 이론적 자원을 접할 기회가 매우 적었습니다. 나는 문혁 기간에 내가 있던 민간사상촌락에서 우리가 쿠바의 체 게바라(Che Guevara)의 사상과 북한의 김일성의 주체사상에 주목했던 것을 기억합니다. 1950~1960년대 비동맹운동의 지도자였던 인도의 네루(Jawaharlal Nehru), 인도네시아의 수카르노(Achmed Sukarno)는 모두 당시 중국 청년의 마음속에서 풍운의 인물이었습니다. 나는 청화대학의 광장에서 직접 수카르노의 연설을 들어본 적은 있지만, 우리는 그들의 저작을 읽어보지는 못한 것 같습니다. 진정으로 영향을 줬던 것은 간디의 저작과 사상이었습니다.

나는 조희연 선생님의 질문에서 등장한 구상을 주목합니다. '자본주의적 민주와 다르면서도 중국에서 이미 실현된 전체주의적 사회주의와도 다른 새로운 사회주의 모델을 찾을 수 있는가?' 조희연 선생님은 '중국식 전체주의적 사회주의를 비판하는 기초 위에서, 역사 속의 사회주의민주의 자원을 구해낼 수 있을까?'라는 구상을 제기합니다. 나는 이러한 생각을 완전히 이해합니다. 그리고 이 문제를 더욱 큰 시야에 놓고 토론하고자 합니다.

총체적 위기와 새로운 유토피아

나는 2011년 이후의 세계 형세를 관찰하면서, 하나의 결론을 얻었습니다. 세계가 큰 위기를 겪으며 대전환/대변혁의 시대로 접어들었다는 것입니다. 2011년 발생한 일련의 사건은 미국(월스트리트 점거운동), 일본(동일본대지진), 북유럽 및 유럽(영국과 노르웨이의 총기난사사건)이 병들었다는 것을 보여줍니다. '전 세계가 병들었다'고 말할 수 있을 정도입니다. 이는 사회주의와 자본주의를 막론한 모든 현행 사회제도, 그리고 미국 모델, 북유럽 모델, 또는 일본 모델, 중국 모델, 한국 모델 등을 막론한 모든 현행 발전 모델에 위기가 발생했다는 것입니다. 이 상황은 각국이 위기에 어떻게 대처할지 결정하는 것을 매우 어렵게 만들고 있습니다.

중국에 대해서 말하자면, 기존에 중국 문제를 해결하려던 사고는 사실 매우 단순한 논리로, 두 가지 노선이었습니다. 자유주의자는 중국 모델이 좋지 않으니 미국 모델을 가져오면 된다고 생각했습니다. 그리고 사회민주주의를 주장하는 노(老)공산당원들은 중국 모델에 문제가 있으니 북유럽 모델을 가져오면 된다고 제기했습니다. 지금 미국 모델, 북유럽 모델 모두 위기가 발생했고, 문제가 표면화되었습니다. 그래서 그대로 가져다 쓰기가 아주 곤란해졌습니다.

물론 어떤 각도에서 보면 위기는 충분히 전환기가 될 수도 있습니다. 내가 보기에 오늘날의 세계는 새로운 변혁(變革)을 호소하고 있고, 새로운 변혁은 반드시 새로운 사상을 필요로 합니다. 나는 전 세계의 학자들이 함께 앉아서 '세계 문명을 대성찰'하고, 그 내재적 모순과 폐단이 충분히 폭로된 이 시기를 이용해 모든 현행 제도와 문명 형태 및 발전 모델에 대한 철저한 정리와 반성을 할 것을 호소하고 싶습니다. 이러한 종류의 정리와 반성은 어떤 문명의 붕괴론(예를 들어, 미국 문명)이나 굴기(崛起)론(예를 들어 일부가 찬양하는 중국 문명)에 기초하는 것이 아니라, 모든 문명 형태, 발전 모델, 사회제도가 그 나름의 합리성이 있지만 동시에 문제점도 있으며 나아가 이제 위기에 처했음을 객관적으로 인정함에 기초해야 합니다. 우리가 해야 할 것은 선험적 가치 판단이 아니라, 모든 사실을 대면해 각각의 문명 형태, 발전 모델, 사회제도의 합리성과 위기를 전면에서 과학적으로 총결하는 것입니다. 나의 구상은 이렇습니다. '충분한 연구를 통해 사회주의와 자본주의뿐 아니라 각종 문명과 발전 모델을 넘어서는 일종의 종합적인 이상 모델을 도출할 수 있지 않은가?' 이는 어쩌면 새로운 유토피아주의일지도 모릅니다. 그렇지만 내가 보기에, 인류 사회의 건전한 발전은 유토피아적 이상이 없을 수 없습니다. 특히 오늘날과 같이 혼란과 절망적 정서로 가득 찬 세계에서 새로운 유토피아주의를 제창하는 것은 매우 필요하고 의미 있는 일입니다.

물론 우리가 구상하는 세계 문명 발전의 새로운 모델은 각각의 국가 및 민족의 문명적 특징과 서로 결합되어야 합니다. 그리고 구체적 개인의 이상과 추구 역시 반드시 어떤 경향성이 있어야 합니다. 그래서 내가 보기에, 조희연 선생님과 같은 좌파 지식인이 사회주의를 견지하고 새로운 사회주의 발전 모델의 혁신을 탐색하고자 하는 것은 아주 자연스러운 것입니다.

조자양과 중국 개혁의 신사유

이는 나로 하여금 중국의 노(老)공산당원인 조자양(趙紫陽, 자오쯔양)이 만년에 사회민주주의 사상을 수용한 이후 제출한 '초월주의'적 '사회 진보의 새로운 지표'를 상기시켰습니다. 조자양은 '초월주의'에 관해 이렇게 말합니다.

나는 이 주의 저 주의에 대해 이미 관심이 없다. 그리고 현재의 시대는 어떤 이론 학설을 세우기가 아주 어렵다. 사회 역사 발전의 측면에서 보면, 본래 하나의 자연적 과정이고, 실천에 근거해 발전하고 형성된 조류이다. 즉, 민의에 근거해 한 걸음씩 앞으로 발전해 나가는 것이다. 민의는 곧 인간 내면의 진정한 요구이다. 물론 실천 속에 곡절이 있으며, 어떤 이론, 주의 또는 설계에 기대어 추동하는 것이 아니다. 과거에 이론적 설계에 기대었는데, 그로부터 공

101

산과 유토피아로 나아갔던 것이다.*

　이는 중국 혁명과 개혁의 역사 경험에 대한 중요한 총결입니다. 즉, 모택동 시대에 '이상사회 모델' 구상에 따라 계획 사회를 강행한 발전은 검증과 반성을 거치지 않았고, 따라서 선험적인 이론 관념과 논리로 사회 발전을 지도한 것이었습니다. 사회가 '주의'에 부합되는지를 사회 실천을 가늠하는 표준으로 삼았으며, 이러한 유토피아적이고 강제적인 사회주의 실천은 일찍이 재난을 가져왔고, 피로 쓴 교훈을 내포하고 있다는 것입니다.

　조자양의 새로운 사유는 사회 발전의 새로운 '근거' 두 가지를 제기했습니다. 먼저 '민의'입니다. 조자양은 이를 '인간 내면의 진정한 요구'로서 보통 민중 대다수의 마음속 깊은 곳에 자리 잡고 있다고 했습니다. 동시에 '실천'의 근거를 제기했습니다. 실천이 사회 진보를 검증하는 표준일 뿐 아니라 '민의'와도 결합되기 때문에, 사회 진보를 촉진하는 개혁은 모두 반드시 보통 민중의 일상생활의 실천으로 전화되어야 한다고 강조하게 됩니다. 이는 우리가 오늘 여기에서 토론하는 이상사회 건설 문제에 대해 기본적인 근거 하나를 제공해줍니다. 즉, '민의'에 부합하는지를 봐

---

*　宗鳳鳴, 『趙紫陽軟禁中的談話』(香港: 開放出版社, 2007), p. 327.

야 합니다. 기본적 경로를 제공해주기도 합니다. 민중의 '실천' 속에서 새로운 발전 노선을 찾아야 합니다.

조자양의 사회 진보의 새로운 지표는 동일하게 계시성을 띱니다.

생태환경, 즉 생활의 품질, 문화 수준, 즉 인간 소양, 생활수준, 즉 부유한 정도, 그리고 정신노동과 육체노동의 차이, 도농 간 차이, 노동생산성, 경제적 효과, 평균 소득, 사회 공평을 지표로 삼으며, 자본주의 또는 사회주의와 같은 사회제도를 구분선으로 삼아 선진적인지 여부를 판단하는 지표로 삼지 않는다.*

이러한 새로운 지표는 분명히 인간 자신의 건강하고 전면적인 발전을 중심으로 하는 것이며, 인간의 생활환경, 소양, 물질 및 정신생활, 사회적 지위, 인간관계의 평등하고 양성적이며 우수한 발전을 중시하는 것입니다. 흥미로운 것은 조자양이 비록 사회제도를 초월하고자 했지만, 그가 제시한 사회 진보의 새로운 지표는 분명히 그 자신과 동시대인, 나아가 젊은 세대의 사회주의 이상, 예를 들어 사회 공정과 평등, 부유, 3대 차이**의 소멸

---

*   같은 책, p. 30.

등을 포함하는 것입니다. 동시에 현대 사회 발전의 새로운 요구, 인간 및 '생태환경' 같은 자연 관계의 조화를 강조하는 것입니다.

내가 보기에 조자양의 새로운 사유는, 중국 혁명을 경험하고 진지한 성찰을 진행하고 나서 최후에 사회민주주의 사상을 수용한 노(老)혁명가의 집체적인 창조입니다. 나는 이를 '중국 개혁의 신사유'라고 불렀고, 이미 「중국 개혁은 어디로 가는가(中國改革向何處去)」(『知我者謂我心憂: 十年觀察與思考』에 수록)라는 글에서 상세히 토론한 바 있습니다. 이러한 중국 개혁의 신사유가 조희연 선생님 등이 언급한 사회주의에서 민주주의를 재구성하는 새로운 시도와 호응된다고 생각합니다.

내가 앞에서 새로운 유토피아주의를 주장하고, 뒤에 와서 모택동의 공상 사회주의의 유토피아 실험의 교훈을 제기한 것이 겉으로 보기에 모순되는 것 같은데, 이에 대해 조금 더 설명이 필요합니다. 관건은 유토피아 이상의 피안성(彼岸性)을 파악하는 것입니다. 유토피아를 부단히 추구하고 접근하지만 이는 완전히 실현할 수 없는 피안의 목표입니다. 모택동의 비극은 전제적 수단으로 유토피아의 이상을 차안화(此岸化)하고자, 이 땅에 인간 세상의 천국을 만들고자 하여 거대한 재난을 초래했다는 데 있

** 노동자와 농민 계급 사이, 육체노동과 정신노동 사이, 도시와 농촌 사이의 격차.

습니다. 근래에는 또 다른 극단으로 치달았습니다. 실용주의와 실리주의 사상으로 중국의 개혁을 지도해 이상주의를 완전히 포기했습니다(비록 입으로는 여전히 '사회주의' 구호를 크게 외치지만, 실제로는 공산당 일당 지배의 이익, 즉 이른바 '당의 지도'로 사회주의 이상을 왜곡하는 것입니다). 일체의 이상주의는 반드시 유토피아 색채를 띕니다. 역사의 경험적 교훈을 바탕으로, 우리는 지금 마땅히 유토피아주의를 외치고 새로운 사회 이상을 다시 구성해야 하며, 동시에 유토피아 이상의 차안화가 가져온 비극을 되풀이하지 않도록 경계해야 합니다.

중국 신좌파와 자유주의의 역사와 현실

조희연 선생님이 제기한 문제로 되돌아와 보면, 나는 '중국 특색의 민주주의와 아래로부터의 좌파 저항운동의 결합'이라는 구상에 주목했습니다. 나는 조희연 선생님의 이상을 이해하고 이에 감사합니다. 그는 '좌파 저항운동'을 중시하는데, 이는 앞에서 언급했고 내가 동의하는 '민의'와 기층 민중의 실천을 강조하는 사유와 일치하는 것입니다. 그러나 내 마음은 매우 무겁습니다. 왜냐하면 오늘날 중국에는 사실상 좌파 저항운동이 존재하지 않는다는 현실을 대면해야 하기 때문입니다.

그래서 여러분 모두가 매우 주목하는 중국의 신좌파와 자유주의에 대해 이야기하지 않을 수 없습니다. 그들은 1990년대의 논쟁 이후 거대한 변화를 보입니다. 오늘날의 신좌파는 사실상 이미 민족주의와 국가주의에 휘둘리고 있고, 모택동의 전체주의적 체제에 대해 진지한 정리와 비판을 하지 않은 상황에서 이를 이상적인 '혁명 자원'으로 삼아, 그 시대에 대해 어떤 이해도 없는 젊은 세대에게 보급하고 있습니다. 문제는 모택동의 전체주의적 체제의 기본적인 측면이 오늘날의 통치자에 의해 의식적으로 계승되고 있다는 점입니다.

이는 등소평에서 시작되어 줄곧 견지되어온 이른바 '4항 기본 원칙'*에 집중되어 있습니다. 핵심은 제약과 감독을 받지 않는 당의 절대적 권리를 수호하는 것입니다. 그래서 모택동 체제에 대한 신좌파의 미화는 가장 중요한 측면에서 현행 체제의 폐단을 가리고 비판력을 상실하도록 합니다. 특히 중국 경제가 고속 발전을 하는 새로운 형국에서 일부 신좌파는 중국 전체주의적 체제를 변호하는 샛길로 가고 있습니다. 그들은 이와 같은 전체주의적 통치를 '인민을 위한 전체주의'의 '중국 노선이자 중국 경험'이라고 미화합니다. '중국 특색의 사회주의'는 '인간세상의 정

---

* 등소평이 제출한 것으로 '사회주의노선 견지, 프롤레타리아트 계급독재 견지, 공산당 영도 견지, 마르크스레닌주의와 모택동 사상 견지'를 지칭한다.

도(正道)'이며, 중국 사회 발전과 민족 진흥의 유일하고 정확한 노선일 뿐 아니라, 인류 발전의 방향이라고 말한다고 합니다. 이와 같은 '중국 노선론'은 국가주의와 중화중심주의 색채가 매우 농후합니다. 신좌파는 비판적 사조에서 국가 이데올로기로 변태하고 있고, 그래서 '좌파의 우파화'라는 말이 나오기도 했습니다. 이는 이미 논쟁할 필요가 없는 사실이 되었습니다.

수많은 좌파 학자들이 나날이 공산당 내부의 정치 투쟁에 참여하는 데 열중하고 있고, 지난 몇 년 동안 그들은 하나둘 박희래(薄熙來, 보시라이)의 휘하에 들어가 내가 말한 정치 엘리트와 지식 엘리트의 연맹을 형성했습니다. 그들은 한편으로 모택동의 방식으로 중국 문제를 해결하려는 박희래에게 이론적 근거를 제공했고, 이른바 '중경 경험'이라는 '성공적 사례'로 자신의 '이론적 정확성'을 증명하고자 합니다. 박희래의 문제가 드러나자 그들은 잠시 난처한 침묵을 경험했지만, 지금 다시 새로운 당 지도부의 '중국의 꿈'을 위해 이론적 근거를 제공하는 데 열중하고, 새로운 '중국의 꿈'을 꾸고 있습니다. 그들은 영원히 '국사(國師)의 꿈'을 꾸는데, 서로 다른 '국가의 군주'에 종속될 뿐입니다. 그러나 약간의 짝사랑도 있는 것 같습니다.

또 다른 일부 좌파 학자들은 완전히 당국에 의존하지는 않고, 노신이 말한 바 있는 '응접실의 사회주의자'[「좌익작가연맹에 대한

2. 민간사회주의

의견(對於左翼作家聯盟的意見)」], '혁명 커피숍'의 좌파가 되기도 했습니다. 노신이 생동감 있게 묘사한 것처럼, 그들은 "고담준론(高談峻論)하고, 숙고하며, 얼굴 앞에 아주 큰 뜨거운 열기로 가득한 프롤레타리아트 계급의 커피가 놓여 있고, 먼 곳에 수많은 '비천한 농민 노동자 대중'이 있습니다. 그들은 마시고, 생각하고, 이야기하고, 지도하고, 획득합니다. 이것이 오히려 정말 '이상적 낙원'[「혁명 커피숍(革命咖啡店)」]입니다". 이러한 '이상적 낙원'에 도취된 '좌파'는 당연히 '저항운동'은 말할 것도 없고, 실제 사회운동과 아무런 관련을 맺지 않습니다. 그리고 노신이 말한 것처럼, 이러한 "실제 사회운동과 만나지 않고 유리창 안에 갇혀 글을 쓰는" 좌익은 "아주 쉽게 우익이 될 수 있습니다"[「좌익작가연맹에 대한 의견(關於左翼作家聯盟的意見)」].

근래에 매우 활발히 활동하는 '모택동파'를 주목할 필요가 있습니다. 모택동파의 가장 기본적인 특징은 전면적으로 모택동 시대로 돌아갈 것을 요구하는 것입니다. 그들 내부는 현 체제와 정권에 대한 태도에 따라 두 파로 나뉘어 있습니다. 한쪽은 '애국좌파'라고 자칭하고, 그들의 강령은 'x주석을 핵심으로 하는 당 중앙 주위에 단결해', '강대한 민족주의 정부'와 함께 서서, '연합해 서양인에 저항하고', 동시에 '서양의 노예와 매국노, 매판을 척결하는 운동'을 전개하는 것입니다(모 대학 모 교수, 「작금 형세와 중국 좌익의 임무」*). 다른 한쪽은 오늘날의 중국 집정자를 '수정주의자'로 간주하고, 한 차례의 새로운 문혁의 개시를 요구합니다. 그들은 물론 비판성과 저항성이 강하지만, 모택동의 전체주의적 체제에 대해 어떤 반성도 하지 않기 때문에 근본적으로 '전체주의적 사회주의'의 울타리에서 빠져나올 수 없습니다. 여전히 노신이 말한 '이전에 잘살던 사람'은 '복고'의 길을 가고자 하는 법입니다「소잡감(小雜感)」].

앞에서 이미 노공산당원, 즉 사람들이 보통 자주 듣는 '당내민주파'에 대해서 언급한 바 있습니다. 그들은 민주·평등·자유라는 자신의 이상을 견지하고, 전체주의적 사회주의의 일당 전제 체제와 결별해, 일부는 자유주의로 전향했고 다수는 사회민주주의를 선택했습니다. 이 두 부류의 사람들은 지금 ≪염황춘추(炎黃春秋)≫라는 잡지를 중심으로 단결하고, 최근 2년 동안 홍이대(紅二代, 혁명 2세대) 중의 민주파를 끌어들여 작금 중국의 현행 체제에 대해 비판성과 저항성을 띠는 영향력 있는 정치 세력을 형성했습니다. 그러나 중국 사회주의의 실패로 인해 사회주의는 이미 젊은이들을 끌어들이지 못하고 있고, 그래서 이와 같

---

* 이에 대해서는 錢理群, 「2008年總結」, 『知我者謂我心憂: 十年觀察與急考(1999~2008)』(香港: 星克爾, 2009)를 참고.

2. 민간사회주의

이 사회민주주의를 견지하는 당내 민주파의 영향은 주로 당내 노간부와 노지식인에 머물러, 청년 세대에 미치는 영향은 제한적입니다.

여기에서 이야기하는 자유주의자와 사회민주주의자의 협력은 주목할 만한 정치사상 문화 현상입니다. 협력의 기초는 전체주의적 체제를 반대하고 민주와 자유 및 평등을 요구하는 것입니다. 이는 분명 근래 중국 자유주의자의 변화와 관계됩니다. 1990년대에 신좌파와 자유주의의 논쟁에서 자유주의는 상당히 피동적이었습니다. 왜냐하면 그들이 중국 사회의 양극화라는 하나의 사실을 대면할 수 없었기 때문입니다. 권력과 시장의 결합이 권력귀족 자본주의를 형성하고 중국의 노동자, 농민 및 시민의 기본 이익을 극도로 침해해 사회의 양극화를 초래한 것이 1990년대 이후 중국 시장경제 발전의 부정적 측면인데, 시장근본주의자들은 이를 완전히 무시했습니다. 그들은 전체주의적 사회주의를 반대했지만, 의식적 혹은 무의식적으로 중국 사회의 자본주의화라는 현실을 은폐했습니다. 그러나 신좌파는 마침 중국 사회의 자본주의화와 양극화를 첨예하게 폭로하는 가운데 자신의 비판적 역량을 보여줬습니다. 그래서 민심을 얻을 수 있었습니다. 나 역시 신좌파의 이러한 비판에서 아주 큰 계시를 얻었고, 기본적으로 지지하는 태도를 취했습니다.

그러나 그것이 전체주의적 사회주의에 대한 비판을 무시하는 또 다른 극단으로 치닫는 것을 경계했습니다. 앞서 말한 것처럼, 이후에 신좌파는 나날이 전체주의적 사회주의를 변호하는 민족주의 및 국가주의의 길을 걸었고, 자유주의 우파가 오히려 제 입장을 조정해 자유, 민주 및 전체주의적 사회주의 비판을 견지하면서 평등과 공정의 깃발을 높이 들어 '평등'이 자유주의가 마땅히 가져야 할 뜻임을 선포했습니다. 게다가 아주 큰 열정으로 민간 사회의 저항운동에 참여했습니다.

나는 작금의 중국에 3대 민간 운동, 즉 권리방어운동, 인터넷 민주운동 및 사회조직운동이 있다고 이야기한 바 있습니다. 사람들은 이와 같은 3대 민간 운동의 가장 활발한 참여자, 나아가 지도자 가운데 상당수가 자유주의자 또는 자유주의 영향을 깊이 받아들인 이들임을 아주 쉽게 발견합니다. 자유주의 지식인의 대표적인 인물 다수가 기층 민중의 권리를 수호하고, 언론·출판·결사의 자유를 얻기 위한 투쟁에 적극적으로 참여합니다. 그리고 이 때문에 당국의 탄압을 받아서 민간 저항운동 속에서 자유주의의 영향력을 다시 드높이기도 합니다. 그래서 '우파의 좌경화'라는 말이 나옵니다.

이는 우리가 앞서 토론한 '좌파의 우파화'의 경향과 선명한 대비를 이룹니다. 겉으로 보기에 불가사의한 모습입니다. 좌익 지

2. 민간사회주의

식인과 민간 사회 저항운동은 태생적인 관계가 있습니다. 이는 그들의 좌파 사상·이론·추구가 결정한 것입니다. 내가 보기에 한국의 좌파 지식인들 또한 그렇습니다. 이는 아주 당연한 것입니다. 그러나 중국의 현실은 그렇지 않습니다. 물론 3대 민간 운동 속에 좌파 지식인과 좌파 사상의 영향을 받은 청년도 적지 않습니다. 그러나 전체적으로 볼 때 신좌파, 특히 국가주의적인 '좌파'와 '커피숍, 응접실의 사회주의자'들은 민간 저항운동에 대해 소극적인 태도를 보입니다. 그래서 3대 민간 운동에 대한 좌파의 영향은 자유주의자에 못 미칩니다. 이는 회피할 수 없는 사실입니다. 작금의 중국에 조희연 선생님이 기대하는 민간 좌파 저항운동은 존재하지 않습니다.

이 측면에서 중국과 한국은 근본적인 차이가 있습니다. 3대 민간 저항운동과, 사회민주주의자가 개인 신분으로 자유주의자와 도모하는 모든 협력 가운데 주도적 지위를 차지하는 것은 의심할 나위 없이 자유주의입니다. 이러한 협력은 전체주의적 체제에 저항해 자유·민주·평등을 쟁취하는 투쟁 속에서 적극적 의미를 띱니다. 그러나 그들이 추구하는 사회 이상과 이를 통해 결정되는 중국 사회 발전의 장기적 방향에서 볼 때 사회민주주의와 자유주의 사이에는 근본적인 차이가 있는데, 이 역시 회피할 수 없는 사실입니다. 둘 사이에 존재하는 사회 저항운동의 영향과 역량 측면에서의 대비는 미래 중국의 발전과 운명을 결정할 것입니다.

내가 가장 안타깝게 여기는 것은 현재 중국 청년이 주로 이 두 파벌, 즉 우파화된 신좌파의 영향 또는 평등의 깃발을 높이 든 자유주의의 영향을 받고 있고, 사회민주주의의 영향은 상대적으로 제한적이라는 것입니다. 수많은 민중과 청년이 중국 역사와 현실에서의 사회민주주의의 존재를 전혀 알지 못합니다. 그들 앞에 단지 두 가지 선택지만이 존재하는 것 같습니다. 신좌파가 선전하는 전체주의적 사회주의, 또는 자유주의가 신봉하는 자본주의 문명 말입니다. 이와 같은 의미에서 나는 '중국의 전체주의적 사회주의 체제는 반드시 바뀌어야 하는데, 일단 와해되면 중국과 세계 정치의 구도가 더욱 우익화될 것'이라는 조희연 선생님의 걱정을 완전히 이해합니다. 우리가 앞서 이야기한 사회주의와 자본주의를 초월하는 이상사회는 정말로 유토피아에 지나지 않고, 점차 접근하는 것도 어려울 가능성이 아주 높습니다.

이는 중국 사상문화계에서 나의 위치와도 관계됩니다. 나는 고독합니다. 두 파 모두에 속하지 않으며, 어느 한쪽의 편에도 서지 않고, 완전히 개인의 목소리를 냅니다. 단독으로 싸우고, 어떤 사상 및 정치 집단과도 일정한 거리를 유지합니다. 다른 측면에서 보면, 나는 또한 이 두 파벌의 '통일전선'의 대상이자 동시에 비판 대상인 것 같습니다. 이는 아마도 나의 입장과 관련될 것입니다. 내가 동의하는 입장은 '노신 좌익'으로, 이후에 더 자세히 설명하고자 합니다. '영원한 비판자'의 하나로서 전체주의적 사회주의 체제를 첨예하게 비판하고, 극단적 민족주의와 국가주의를 고도로 계속 경계합니다.

나는 나 자신이 반드시 지켜야 할 두 가지 최저선이 있다고 말한 바 있습니다. 하나는 모든 형태의 전제주의에 결연히 반대하는 것이고, 다른 하나는 모든 형태의 중화중심주의에 반대하는 것입니다. 이 두 측면에서 나와 중국의 자유주의자는 협력의 여지가 있지만, 국가주의를 걷는 신좌파와는 함께하지 못합니다. 그러나 나는 사회민주주의의 경향이 있기도 해서, 젊은 시절 추구했던 사회 평등과 정의를 견지하고, 노동자의 주체적 지위를 수호하는 사회주의 이상을 강조하며, 중국 혁명을 동정적으로 이해합니다. 이는 당연히 자유주의와 구별되는 것이고, 신좌파의 일부로 하여금 '포섭'할 만한 가능성이 있다고 느끼도록 합니다. 그렇지만 내 마음은 아주 분명합니다. 나와 이 두 파벌은 아마도 이미 각자의 길을 가고 있거나, 또는 얼마 안 가 그렇게 될 것입니다. 이는 또한 내가 오늘날 중국의 각 정치 및 사상 파벌과 일정하게 연계하면서도 의식적으로 거리를 유지하는 원인이기도 합니다. 나는 최대한 사상과 행동의 독립성을 유지하고자 합니다.

내가 신봉하고 힘써 행하는 노신 좌익의 기본 입장은 두 가지
입니다. 첫째, 영원히 평민, 즉 사회의 약자 집단에 서는 것입니
다. 둘째, 영원히 현재 상황에 만족하지 않는 영원한 비판자가
되는 것입니다. 그래서 영원히 주변적 위치에 머물게 됩니다. 중
국 현실 정치 속에서 내가 자유주의자와 연합해 전체주의적 사
회주의 체제를 비판하고, 헌정이 규정한 민주와 자유의 권리를
요구할 때, 이러한 목표가 실현된 이후 어떤 노예적 관계가 생길
수 있을지를 명확히 의식합니다. 그래서 '인간을 억압하고 인간
을 노예로 만드는 모든 현상의 소멸'이라는 유토피아적 이상을
견지하는 나로서는 반드시 새로운 불만을 품게 되어 현실을 계
속 비판하고, 새로운 통치자에게 수용될 수 없습니다.

내가 신봉하고 지키고자 하는 노신 좌익의 특징도 두 가지입
니다. 첫째, 행동성입니다. 그래서 나는 민간 사회운동에 관심을
갖고 참여합니다. 그렇지만 개인 신분으로 참여하지 조직적인
활동을 하지 않습니다. 일부 좌파 친구들이 보기에 이는 나의 약
점일 수도 있습니다. 나는 확실히 혁명가나 저항적 인물은 아니
고, 사회활동가도 아닙니다. 그저 사회적 책임을 느끼는 지식인

일 뿐입니다. 어쩌면 내가 노신의 회의주의 사유의 영향을 너무 깊게 받았기 때문일지도 모릅니다. 즉 둘째, 자기성찰 의식입니다. 나는 민간 사회운동에 참여하면서도 사회운동 자체의 문제에 많은 의문을 갖고 일정한 거리를 유지합니다. 어떤 문제에 대해서도 나는 자신의 독립성을 지키고자 합니다. 이는 아마도 내게 있는 햄릿과 같은 지식인의 기질과 관련 있을 것입니다.

나는 동시에 구제불능의 돈키호테이기도 합니다. 나와 같이 햄릿적인 기질과 돈키호테적인 기질이 많은 지식인은 큰일을 해낼 수 없고, 사람들이 특별히 주목할 만한 가치도 없습니다. 이는 아마도 노신 좌익의 또 다른 특징이라 할 수 있는 자기성찰의 의식을 보여주는 것 같습니다. 나는 비판적 지식인을 가늠하는 가장 중요한 기준이 자기비판의 자각이 있는지 여부라고 여러 번 말한 바 있습니다. 나는 자신의 부족함을 포함한 유한성에 대해 매우 잘 알고 있습니다. 내가 추구하는 것은 '결함이 있는 가치'입니다. 처음에 이야기할 때 내 선택의 개인성을 강조했는데, 이것이 중요한 이유입니다. 본받기에는 부족하고, 어떤 '대표성'을 띠지도 못합니다. 나는 그저 나 자신일 뿐입니다.

이는 어떤 자기비하가 아닙니다. 사실 더욱 본질적인 의미에서의 자기존중입니다. 나는 내가 무엇을 할 수 있을지 알고, 또 무엇을 할 수 없는지 압니다. 나는 중국의 현실 정치 속에서 진정한 좌익 역량의 부재를 보았습니다. 내가 하려고 하고 또 할 수 있는 것은 중국 좌파의 자원을 새롭게 찾아내는 것입니다. 첫째가 노신을 발굴하는 것인데, 그래서 내가 '노신 좌익'을 제기했던 것입니다. '노신 좌익'은 '당 좌익'과 구별됩니다. 이에 대해서는 「'노신 좌익' 전통에 관한 이야기」*에서 전문적으로 논의한 바 있으니 참고를 바라고, 여기서 중복하지는 않겠습니다. 둘째는 민간사상 자원입니다. 나는 여러분이 본 『모택동 시대와 포스트 모택동 시대 1949~2009』 등의 저작에서 1957년부터 지금까지의 민간 운동 속에서 사회민주주의적인 사상 발전의 계보를 정리하고자 했습니다. 셋째는 문제가 조금 복잡한데, 나는 중국 혁명과 건설 그리고 개혁개방의 역사에 대해 새롭게 깊이 들여다보고 서술하면서, 철저한 성찰의 기초 위에서 합리적 요소를 추출해내어 새로운 비판적 자원으로 삼고자 했습니다.

이와 같은 3대 자원을 발굴하려는 배경에는 그 자원들이 나 자신의 지향점이기도 했기 때문입니다. 바로 내가 처음에 이야기했던 중국 역사와 현실에 대해 해석력과 비판력이 있는 이론을 세워내는 것입니다. 이는 아마 나의 능력을 넘어서는 것이고, 실현 가능한지는 이후의 노력을 보아야 할 것입니다. 나는 힘을

---

* 錢理群, 『智慧韌性的堅守』(新華出版社, 2011)에 수록.

2. 민간사회주의 |

모아 역사 서술과 이론적 사고에 종사하는 동시에 자신의 조건에 근거해서 민간 사회운동에 참여하며, 주로 민간 사회조직에 사상 및 이론의 자원을 제공하고자 합니다. 내가 연구한 공화국 역사 속의 민간 저항운동과 오늘날 현실 속의 민간 운동이 정신적으로 연계되어 계승과 발전 전통 및 하나의 정신적 계보를 형성하기를 희망합니다. 사상과 추구를 갖는 당대 청년들의 사상에 일정한 영향을 미치기를 희망합니다. 이는 작금 중국의 엄준한 정치적 생태환경 속에서 매우 힘들고 또 매우 심원한 의의가 있는 작업입니다. 지금은 힘껏 씨앗을 뿌릴 수밖에 없습니다. 수확을 기대할 시기는 아직 멉니다. 나 역시 간단히 이 정도로 말할 수밖에 없습니다.

3

민족주의에 대하여

조희연   1949년 중국 혁명은 사회주의혁명의 성격이 있지만, 반외세 급진 민족주의적 운동의 성격도 있었다고 저는 판단합니다. 이는 20세기 제3세계 급진 혁명의 일반적 특성이기도 합니다. 사회주의혁명이 급진 민족주의와 결합함으로써 대중적 동력을 얻었지만, 그것이 사회주의를 왜곡하는 측면도 존재했습니다. 이러한 긴장은 최근 중국에서 크게 나타나고 있는데, 최근 영토분쟁 등에 대처하는 방식에서도 대단히 민족주의적입니다.

저는 현재 중국의 당-국가체제의 위기를 보완해주는 요소 중의 하나로 민족주의적 정서가 있다고 생각합니다. 개혁개방 이후 경제성장으로 인해 '국력이 강화'되고, 이는 중국이 세계의 변방에서 중심으로 우뚝 일어서고 있다는 이른바 '굴기론'적인 민족적 자부심을 확산시켰습니다. 상해 엑스포나 광주(廣州, 광저우) 아시안게임의 홍보물은 '찬란한 중화민족의 전통'을 강조했습니다. 민족적 자부심에 더하여, 서방의 '중국위협론'에 의해 촉발되는 민족적 위기의식과 경계심은 민족주의적 정서를 강화하고 있습니다. 이러한 일종의 '경쟁적 민족주의'가 대중들 사이에 광범하게 공유되어 있고, 관영 언론은 이를 체계적으로 부각시켰습니다. 이 과정에서 중국은 확충된 경제력을 바탕으로 미국에 대항한다는 명분으로 군사력을 강화한 바 있습니다. 이러한 일종의 '우익적인' 민족주의적 정서나 굴기론적 관점이 중국의 당-국가체제의 대중성과 안정성을 담보하는 한 요인이 되는 현실에는 역으로 부정적인 측면이 동시에 내재합니다. 즉, 당-국가체제와 민족주의의 일체화는 당-국가체제를 민족주의적 프레임에 제약하는 효과를 부여하는 것입니다. 이러한 역설을 어떻게 해결할 수 있겠습니까? 향후 어떤 사태를 전망하십니까?

서방에서는 중국의 향후 패권 성격과 향방을 우려하는 시각이 있습니다. 저도 이미 미국과 함께 G2(Group Two)를 구성하는 중국이 과거 제국주의 국가가 걸었던 패권 국가의 길을 거의 동일하게 걸을 것이라고 우려하고 있습니다. 서구에서는 중국 패권의 미래와 관련해, 비판적 시각과 긍정적 시각이 존재하는 것으로 보입니다. 전면적 부정론은 데이빗 매리어트와 칼 라크루와의 책*에서 볼 수 있습니다. 한국에도 번역된 이 책에서는 중국이 통제와 억압으로 유지되는 체제, 인권후진국, 짝퉁천국, 범죄지옥 등 31가지 근거로 중국에 대한 기존의 낙관론을 전면적으로 부정하며, 세계 문명의 실패는 중국에서 시작될 것이라고 봅니다. 반대로 긍정적 시각의 한 예로서 마틴 자크는 '서구 세계의 몰락과 중국의 부상'이라는 핵심 주장하에서, 이러한 변화를 올바로 이해하려면 서구 중심적 시각에서 벗어나야 한다고 말합니다.** 이 책은 아예 1부에 '서구세계의 종말', 2부에는 '중국이 지배하는 시대'라고 표제를 달고 있습니다. 11장은 '중국이 세계를 지배하면'이라고 제목이 붙어 있는데, 여기서는 중국이 세계를 지배할 경우에 동반될 여러 긍정적 변화를 서술하고 있습니다. 전리군 선생님은 중국 국가 패권의 향후 향방에 대해서 어떻게 전망하십니까?

---

* David Marriott and Karl LaCrioix, *Fault Lines on the Face of China* (Createspace, 2010). 한국어판은 『왜 중국은 세계의 패권을 쥘 수 없는가』, 김승완·황미영 옮김(평사리, 2011).
** Martin Jacques, *When China Rules the World* (Penguin Press, 2009). 한국어판은 『중국이 세계를 지배하면』, 안세민 옮김(부키, 2010).

3. 민족주의에 대하여

백승욱   아울러 중국의 국가주의와 민족주의 비판과 관련해, 남한 사회에서 전리군 선생님의 저작은 오독되거나 악용될 소지가 없지 않은데, 그것을 어떻게 경계하면서 의미 있는 독해로 나아갈 수 있는가 하는 문제가 있습니다. 저는 그것을 이 저작에 대한 단순한 '반공주의적' 독해를 넘어서 한국 사회운동 내부 논쟁을 자기반성하는 맥락에서 동시대적으로 이해할 것을 제안한 바 있습니다. 전리군 선생님은 어떻게 생각하시는지요?

전리군   민족주의 문제에 대해 토론해봅시다. 이는 매우 복잡하고, 또 매우 현실적인 문제입니다. 조어도(釣魚島, 댜오위다오) 사건 이후 중국 지식인의 반응부터 논해봅시다. 조어도 사건에 대한 일부 자유주의 지식인의 태도는 상당히 냉담합니다. 그들은 조어도 사건이 중국 정부가 주도한 것이고, 그 책임 또한 중국 정부에 있다고 봅니다. 그들은 모택동이 제국주의에 반대하는 통일전선을 세우기 위해 일본의 조어도 주권을 승인한 바 있고, 이는 공산당이 지도하는 정권이 민족 이익의 진정한 대표가 아님을 증명한다고 특별히 강조합니다. 이 점에서, 나는 그들을 지지합니다. 그렇지만 자유주의 지식인은 엘리트적 입장에서 출발해 민간 사회의 저항운동을 단순하게 전면 부정하는데, 이는 내가 완전히 동의할 수 없는 지점입니다. 이 시기에 발생한 민간 저항운동이 매우 복잡하다는 것을 부정해서는 안 됩니다. 초기에는 확실히 중국 정부의 책동이 있었고, 좌파 또한 이 기회를 타고 그들의 요구사항을 주장했습니다. 박희래를 부추기고 지지했던 것처럼 말입니다.

그렇지만 현실에 불만이 있는 민간 사회의 일정한 시민과 젊은이들도 이를 기회로 삼아 반부패 입장, 민주 및 자유 등의 권리 수호를 요구했습니다. 민간의 저항운동을 분석하지 않고 '포퓰리즘'이라는 레테르를 붙이고, 심지어는 '의화단운동'이라고 간주하는 것은 나중에 관방(官方)의 탄압과 선을 긋지 못할 뿐 아니라, 자유주의 지식인이 민족의 이익과 관련된 중대한 문제에 대해 유력하고 독립적인 목소리를 내는 것을 제약합니다. 이는 그들과 보통 민중의 심리적 간극이라는 약점을 드러낸 것입니다. 좌파의 경우, 민간 저항운동에 직접 영향을 주려고 시도했을 뿐만 아니라, 그들의 주장에 동의하지 않는 시민에게 폭력을 행사하고, 모종의 건달화된 경향을 드러내서, 수많은 사람들의 경계를 불러일으켰습니다.

나 자신은 벗어날 수 없는 모순에 빠져 있습니다. 한편으로는 중국인으로서 민족 입장과 감정을 느끼지 않을 수 없습니다. 나는 조어도가 중국에 속한다는 입장입니다. 나는 백승욱 선생님의 의견에 완전히 동의합니다. 우리는 전체주의적 사회주의라는

3. 민족주의에 대하여

현행 체제를 비판하지만, 반공 및 반국가라는 극단으로 나아가서는 안 됩니다. 이건 모택동의 논리입니다. 이른바 "적이 반대하는 것에 나는 찬성하고, 적이 찬성하는 것에 나는 반대한다"는 것입니다. 그러나 아무리 이 정부가 미워도, 그가 국가의 직무를 이행하고 국가주권과 이익을 수호하는 이상 반드시 지지해야 합니다. 이에 대해서는 모호할 수 없습니다. 근본적으로 우리는 마땅히 민족주의자이자 애국주의자이어야 합니다. 우리가 반대하는 것은 단지 극단적 민족주의, 특히 국가이익을 수호한다는 깃발 아래 시민 개인의 이익을 침해하는 국가주의입니다.

그러나 다른 한편, 나 또한 이번에 민족주의가 공산당을 크게 도왔음을 또렷하게 볼 수 있었습니다. 바로 조희연 선생님이 말한 것처럼, 민족주의는 사실상 이미 중국 당국 체제의 민중성과 안정성의 기초가 되었고, 그 합법성의 근거가 되었습니다. 게다가 중국 공산당 자체의 이데올로기가 날로 민중과 청년에 대한 흡인력을 상실함에 따라, 집정자는 더더욱 민족주의와 애국주의를 국가 이데올로기로 삼고자 할 것이고, 이와 같은 상황에서 우리 자신이 민족주의와 애국주의의 입장을 견지하면서 집정자에게 이용당하는 것을 경계해야 합니다. 이는 진퇴양난입니다. 독립적 지식인의 하나로서 민족주의와 애국주의의 문제에 대해 독자적 목소리를 내면서도 오해받지 않기란 상당히 어렵습니다.

이는 그동안 중국 국내와 세계에서 유행한 '중국 굴기론'과도 관련됩니다. 중국 경제의 급속한 발전, 사회의 일정한 진보, 이것들은 모두 다툴 수 없는 사실입니다. 이유는 별도의 전문적인 토론이 필요합니다. 그러나 만약 이러한 발전과 진보가 '중국 굴기'로 과장되고, 특히 '중국 경험 및 중국 노선'으로 승격될 경우 문제가 생깁니다. 먼저 일종의 '경제결정론'입니다. 경제 발전으로 중국 국내의 심각한 정치 위기, 사회 위기, 경제 위기, 생태 위기, 사상과 도덕의 위기를 덮는 것입니다. 더욱 위험한 것은 집정자가 이를 바탕으로 '경제 발전이 모든 것이고, 안정이 모든 것'이라는 치국 방침을 제출한다는 것입니다. 이는 필연적으로 이미 중국에서 초미의 과제가 된 정치체제·사회체제·경제체제 개혁을 지연시키고, 독점 권력과 시장의 권력귀족 자본 계층에 의한 경제 발전 성과의 약탈, 나아가 그것의 한순간의 훼멸을 초래할 것이라는 점입니다.

한편, 대외 관계에서 '중국 굴기론'을 견지하고, '중국 경험과 중국 노선'을 보편화하며, 중국에 '인간세상의 정도'가 있다고 고취하면서, 중국 모델로 세계 위기를 바로잡으며, '미래의 세계는 중국이 지배할 세계'라고 큰소리치는 것은 더욱 큰 위험을 배태하는 것입니다. 나는 이러한 극단적인 민족주의의 헛소리를 늘 고도로 경계합니다. 이것이 자신과 남을 기만하는 짝사랑과 같

3. 민족주의에 대하여

은 '상상'이기 때문만이 아니라, 중국 국민을 오도하기 때문입니다. 중국 전통 속에는 줄곧 중국이 '중앙'이라고 생각하며 '세계'를 인정하지 않는, 본질적으로 중화중심주의적인 경향이 존재합니다. '중국 굴기론'의 배후에 있는 '중국이 세계를 이끌고 지배한다'는 기도가 새로운 형세하에서의 중화중심주의라는 것을 어렵지 않게 알 수 있습니다.

　문제의 엄중성은 그것이 지금 중국 민중과 청년 가운데 대중적 기초를 갖고 있다는 점입니다. 이러한 '민의'는 아주 쉽게 집권자에 의해 이용되고, 그것들은 대외확장을 통해 국내의 모순을 전이시킬 수 있습니다. 물론 나 역시 '중국위협론'을 고취하는 것에 찬성하는 것은 아닙니다. 특히 서방 사회의 일부가 '중국위협론'을 이용해 중국의 발전을 가로막고자 하는데, 이는 일종의 서방(미국) 패권주의의 논리이고, 쓸데없는 것입니다. 지금 중국의 발전은 외부의 힘이 제어할 수 있는 게 아닙니다. 그 발전의 위기는 내재되어 있습니다. 게다가 외부의 힘의 제어는 단지 식민주의 및 제국주의가 중국을 침략한 역사적 기억을 상기시키고, 중국 민중의 극단적 민족주의 정서를 강화할 뿐입니다. 그러나 중화중심주의에 대한 경계는 필요한 것입니다. 박재우 선생님이 기억할지 모르겠습니다. 1994~1995년에 내가 한국에서 교편을 잡고 있을 때, 여러 차례의 공개 강연에서 중국 전통에 나쁜 것 두 가지, 하나는 전제주의이고 다른 하나는 중화중심주의가 있다고 여러 번 이야기했고, 그러한 일체의 표현 형태를 늘 경계하면서 동시에 최대한 끝까지 투쟁해야 한다고 표명한 바 있습니다. 나는 한국 국민 중에도 매우 강렬한 민족주의 정서가 존재함을 발견했는데, 중국도 마찬가지라고 이야기하기도 했습니다. 민족주의 정서는 그 자체의 합리성이 있습니다. 지식인으로서 반드시 자국 민중의 민족 감정을 존중해야 합니다. 그러나 극단화될 위험이 있기 때문에 두 국가의 깨어 있는 비판적 지식인이 자국의 민족주의에 대해 마땅히 일정한 경계심을 가지고, 의식적으로 민족 정서 속에 이성적 정신을 주입해서 그것이 범람하지 않도록 해야 합니다. 일단 넘쳐서 재앙이 되면 매우 심각한 후과를 초래할 것입니다. 나는 지금도 같은 생각입니다. 민족주의 문제에 어떻게 대처하느냐는 여전히 해답이 없지만, 그럼에도 이 문제는 더욱 큰 절박성을 띠기 때문입니다.

4

중국 공산당의 '사회주의민주'의 모순

이홍규   중국에서는 개혁개방과 더불어 사회주의 현대화가 선언된 이후, '사회주의민주' 개념은 사회주의 정치제도의 민주화를 의미하는 것으로 일찍부터 해석되기 시작했습니다. 즉, 1980년대 중국의 정치개혁 목표는 단순히 경제개혁에 필요한 정치적 제도와 조건을 구축하려는 것만은 아니었습니다. 이는 '민주(democracy)'가 부족했던 과거의 통치방식을 반성하고 '민주'를 사회주의 체제의 근본 목표로서 복원함으로써 사회주의 정치제도의 우월성을 현실화시키는 데 있었습니다. 등소평은 사회주의 현대화 건설을 주창하면서 사회주의 현대화가 경제적으로도 선진 자본주의국가를 따라잡는 것일 뿐만 아니라 정치적으로도 자본주의국가보다 더 민주적인 체제를 구축하는 것임을 분명히 했습니다. 등소평은 또한 민주 없는 사회주의란 상상할 수 없으며 사회주의 현대화는 더욱 상상할 수 없다고도 했습니다. 이러한 등소평의 관점은 1980년대 중국 공산당이 개혁개방 정책을 추진하는 중요한 지도사상으로 대중에게 인식되었고, 중국 공산당의 공식 문건에서도 허다하게 반복되었습니다. 당시 중국인들도 '민주'를 사회주의에 반드시 포함되어야 할 핵심 요소로 간주했습니다. 즉, '사회주의민주' 개념은 단순히 사회주의국가의 건설이 아니라 사회주의에서 민주적 통치체제를 구축하는 것으로 이해되기 시작했습니다. 이처럼 등소평은 한때 '사회주의민주'가 필요하다는 입장을 견지하기도 했지만, 천안문 민주화운동에서 무력 진압을 지시해 결국 관료주의를 강화시켰습니다. 선생님은 1980년대 중국 공산당 개혁파의 '사회주의민주' 실천 노력을 어떻게 보십니까? 등소평이 '사회주의민주'를 지지했던 이유는 무엇 때문이었다고 보십니까?

최근 주목되는 것은 중국의 경제적 고속 성장이 달성된 2000년대 들어 보편적 가치로서 '민주'가 사회주의 체제 내에서 향상되어야 한다는 쪽으로 새로운 변화가 나타나고 있는 점입니다. 중국 당국은 '민주'를 보편적인 가치로, '사회주의민주'를 새로운 형태의 민주 모델로 간주하면서, 향후 어떤 형태의 민주 모델도 무조건 배척하지 않을 뿐만 아니라 모든 우수한 민주적 전통을 계승·수용해 중국식 민주의 참신한 내용과 형식을 만들어갈 수 있다고 했습니다. 이는 사회주의 체제 내의 민주정치 실현에 대한 사회적 요구가 높아지면서, 오늘날 중국 사회에서 사회주의 민주에 대한 논의의 방점이 '사회주의'민주에서 사회주의'민주'로 다시 변화하고 있음을 시사합니다. 호금도(胡錦濤, 후진타오) 총서기 역시 2007년 17차 당대회 정치보고에서 '민주'의 이념과 실천을 전례가 없을 정도로 빈번하고 구체적으로 언급하면서, 사회주의민주 실현을 위한 정치체제개혁의 비전과 청사진을 제시하기도 했습니다. 선생님께서는 최근의 이러한 변화를 어떻게 평가하시는지요?

한편, 중국 내 일부 원로 지식인들은 속도 면에서는 보다 빠르게, 내용적으로는 보다 과감한 정치개혁을 통해 좀 더 온전한 '사회주의민주'의 급속한 실현이 필요하다고 주장합니다. 예컨대, 고방(高放, 가오팡)은 '사회주의민주'의 제도화 형태로서 '사회주의 일당제'가 아니라 '사회주의 다당제'의 실현을 제기합니다. 그는 사회주의가 자본주의를 지양한다는 것은 자본주의가 이룩한 성과를 계승한 기반 위에서 자본주의를 뛰어넘는 성과를 이루게 되는 것을 의미한다고 봅니다. 그래서 그는 사회주의는 자본주의의 시장경제뿐만 아니라 자본주의의 민주공화제와 다당제라는 정치적 성과를 기본적으로 계승한 기반 위에서 사회주의를 건설해야 한다고 주장합니다. 다만 그는 당대 중국의 현실적 방안으로 '사회주의 다당합작제'가 제대로 작동되도록 제도화해야 한다고 주장하고 있습니다. 반면 왕귀수(王貴秀, 왕구이슈)는 '사회주의 일당제'를 인정하는 대신 '당내 삼권분립' 제도의 구현을 통해 '사회주의민주'를 실현해야 한다고 주장합니다. 그는 당원의 민주적 선거를 통해 당 대표대회를 구성하고 당 대표대회의 민주적 선거를 통해 당 대표대회 상설기구를 최고의 정책결정기관으로 만들 것을 제안합니다. 그 후, 역시 당 대표대회의 민주 선거로 당 정책의 집행기구인 당 위원회를 구성할 수 있다는 것입니다. 또한 역시 당원 대표들의 선거를 통해 구성된 당 기율검사위원회를 당내 감독기구로 만들면, 결국 공산당 당내 정책결정권·집행권·감독권의 삼권이 제약과 균형을 이루는 당내 삼권분립 체제를 구축할 수 있다는 것입니다. 전리군 선생님은 고방이나 왕귀수의 의견에 동의하시는지요? 의견이 다르다면 전리군 선생님은 '사회주의민주'의 실현을 위해서 어떤 정치개혁이 필요하다고 생각하시는지요?

조희연   1970년대 후반 이후 중국의 개혁개방과 사회주의 시장노선은 "자본주의와 시장을 분리해 후자를 사회주의 경제를 풍부화하는 계기로 '전유(專有, appropriation)'하고자 하는 목표"가 있었습니다. 그러나 이에 대해서는 극단적인 견해가 대립하고 있습니다. 한편에는 이미 서구의 자본주의보다 더 천민적인 자본주의라고 (지니계수가 거의 세계 최고 수준) 규정하는가 하면, 다른 한편에서는 여전히 마르크스주의와 모택동 사상을 기본으로 삼는 공산체제이고 붕괴시켜야 할 대상이라고 하는 극우적 규정도 있습니다. 개혁개방 이후 20여 년이 넘은 지금, 중국 사회주의경제를 어떻게 규정해야 할까요?

노벨평화상을 탄 류효파(劉曉波, 류샤오보) 같은 경우, 그의 책에서 흑룡강(黑龍江) 부금(富錦) 시 동남강(東南崗)의 4만여 명의 농민들이 2007년 12월 토지사유화를 요구한 사례 등을 열거하면서 '농민의 권리를 박탈한 공산당'을 비판하고 있습니다. 그는 하이에크(Friedrich Hayek)를 인용하면서 "정치가 아닌 사상이 세상을 바꾼다"는 논의를 하고 있습니다. 자본주의적 민주주의하에서 하이에크 식 '극단적' 시장자유주의자를 비판하고 또한 토지의 사유화를 반대하면서 공공성을 확대하려고 노력하는 제 입장에서는 명백히 류효파와 같은 입장에 반대합니다. 하지만 문제는 이러한 '우익적' 주장을 '억압'을 통해서 억누르는 방식이 아니라 중국 특색의 민주주의를 통해 수렴하면서, 이를 중국 경제의 사회주의적 공공성을 유지·확장하는 방향으로 유도하거나 견인해야 한다고 생각합니다. 우익이 민주주의의 이름으로 토지사유화를 요구하는 이 흐름을 중국 체제가 어떻게 대처해야 한다고 생각하시는지요?

그리고 미래 중국 정치체제의 향방에 대해서 질문하고자 합니다. 사회민주적 민중사상과 실천이 배제된 채 중국의 당-국가체제가 유지되어왔는데, 개혁개방 이후 아래로부터의 새로운 저항이 속출하고 있습니다. 문제는 이러한 아래로부터의 저항이 중국 당-국가체제의 혁신과 변화로 이어져야 하는데, 전리군 선생님은 중국의 정치발전에 대해 어떤 대안적 상을 그리고 계십니까? 최소한 어떠한 모습을 소망하십니까?

전리군   네. 사회주의민주에 대해 토론해봅시다. 이홍규 선생님 등이 문제를 하나 제기했습니다. '중국 사회주의민주는 왜 줄곧 실현되지 않았는가?' 여기에 먼저 알아야 할 사실이 있습니다. 모택동 시대에만 실현되지 않은 것이 아니라, 등소평 시대에도 실현되지 않았다는 것입니다. 지금 중국의 지도부는 사회주의민주를 나날이 크게 외치고 있지만, 실제로는 실현된 바 없습니다. 이유는 무엇일까요? 이는 당연히 체제 때문입니다. 나는 여기에서 이론적 오류를 이야기하고자 합니다.

중국 공산당은 줄곧 레닌주의의 두 가지 원칙을 집행해왔습니다. 바로 프롤레타리아트 계급독재와 민주집중제입니다. 우리는 프롤레타리아트 계급독재와 프롤레타리아트 계급민주가 상호 의존적이고, 전자는 후자의 전제이며, '민주는 특정 계급에게만 속한다'는 민주의 계급성이 강조되는 점을 먼저 주목하게 됩니다. 훗날 모택동은 '두 가지 모순'이라는 학설을 만들어서, 시민 (국민)을 적과 인민이라는 두 부류로 나누었습니다. 모택동은 민주는 인민에게만 속하고, 적에게는 독재를 실행해야 한다고 명확히 말했습니다. 문제는 적과 인민이라는 구획이 법률에 의한 것이 아니라 당의 의지에 의해 결정된다는 것입니다. 당이 징벌이 필요하고 심지어는 소멸의 대상이라고 여기면, 곧 적이 됩니다. 당에 쓸모가 있으면 인민이라고 선포됩니다. 게다가 모택동의 '모순의 전화(轉化)'라는 '학설'에 따라 인민은 수시로 적으로 뒤바뀔 수 있습니다. 일체의 것이 당에 대한 태도에 의해 결정됩니다. 절대적으로 복종할 수밖에 없고, 조금이라도 불일치하면 (저항은 말할 것도 없이), 언제든지 적이 될 수 있습니다. 이렇게 당이 법률을 초월해 감독과 제약을 받지 않는 절대적 권력을 갖는 체제하에서, 민주와 독재는 모두 당이 인민을 통제하는 도구가 됩니다. 복종하면 '민주를 베푼다'는 것이고, 불복종하면 '독재 권력을 행한다'는 것입니다. 이러한 '민주'와 '독재'의 교체적 운용은 모택동 시대, 특히 문혁 가운데 극도에 다다랐습니다.

근래 중국의 신좌파와 모택동파는 모두 문혁 동안 모택동이 행했던 '대민주'를 열심히 고취하면서, 그것이 진정한 '대중 민주'라고 말합니다. 사실은 어떠할까요? 대민주는 이른바 '5대 자유', 즉 '대명(大鳴)·대방(大放)·대자보·대변론·대연합'입니다. 바로 특정 조건하에서 '혁명 인민 대중'이 헌법이 이미 규정한 언론·출판·결사·집회·행진의 자유를 향유하도록 허용한 것이고, 이로써 대중을 동원해 모택동이 인정한 당 및 정부 내의 '크고 작은 독립 왕국, 크고 작은 흐루쇼프'를 타격하는 것입니다. 1954년 헌법 제정 이후 중국의 보통 사람과 청년 가운데 헌법이 규정한 시민의 기본적 민주 권리를 실제 향유한 사람이 없었습니다. 그런데 별안간 유한한 범위에서 이러한 권리를 획득해서 모두들 일종의 '해방'감을 얻게 되었으니, 이것이 당시의 '조반파'가 대민주를 그리워하는 이유라는 것은 부인할 수 없는 사실입니다. 그러나 오늘날 그 시대를 경험하지 못한 중국의 보통 사람과 젊은 세대는 헌법이 규정한 민주 권리를 향유하지 못하는 현실에 대한 불만에서 자연스레 문혁 중의 대민주를 이상화하게 되었습니다.

그러나 실제 실행했던 대민주는 어떤 것이었을까요? 먼저 대민주는 모택동이 당내의 정적을 타격하고자 했던 정치 목적에 종속된 것이었고, 결국 모택동이 이용한 도구였습니다. 1967년

4. 중국 공산당의 '사회주의민주'의 모순

부터 그가 타도된 노간부를 다시 중용하면서 대민주를 점차 회수하고, 말을 듣지 않는 조반파에 진압 권력을 행하고, 이용가치가 사라진 '홍위병'을 모두 농촌으로 보내 노동개조를 시켰던 것처럼, 일단 그의 전략적 의도가 바뀌면 대민주는 사라져버립니다. 게다가 처음부터 이러한 대민주는 제한적이었습니다. 당시 공안부가 반포한 6조의 규정은 '모 주석을 우두머리로 하는 프롤레타리아트 계급 사령부를 회의(懷疑)하고 반대하는' 언론 일체를 금지한다고 선포했습니다. 이후 결사의 자유에 대한 제한도 선포했습니다. 업종과 지역을 넘어서는 조직의 성립을 허용하지 않았고, 특히 전국 조직의 성립이 제한되었습니다. 실제로 전국 범위에서 공산당에 저항할 수 있는 정치세력의 출현을 방지하고 엄금했던 것입니다. 공산당은 줄곧 '유일자'이고자 했습니다.

더욱 치명적인 것은 이러한 '대민주'가 처음에는 명확하게 '혁명 대중'에게만 부여된 것이었습니다. 모택동 시대의 역대 정치운동에서 '적'으로 분류된 자들, 즉 공안6조에서 '지주·부농·반혁명·악질분자·우파'로 분류된 자들은 '혁명 대중'에 속하지 않는다고 명문화했고, 당연히 '대민주'를 향유할 자격이 없었습니다. 그 후 문혁의 타격 대상이 점차 확대됨에 따라, '혁명 대중의 호적[籍]'에서 파인 사람이 점차 늘어갔고, 독재의 대상이 되었습니다. 실제로 모택동이 문혁을 개시할 때, 최종 목표가 '프롤레타리아트 계급의 전면 독재의 실현'이라고 이미 선포한 바 있습니다. '전면 독재'는 새로운 화법입니다. 즉, 정치 및 경제뿐만 아니라 사상 및 문화 영역에서도 프롤레타리아트 계급독재를 실행하고자 했던 것입니다. 이른바 '대민주'는 사실 '프롤레타리아트 계급독재하의 민주'였고, 그 전제(前提)와 종착점은 전제(專制)였지, 민주가 아니었습니다. 이러한 '대민주'를 '대중 민주'로 미화하는 것은 역사적 사실에 완전히 위배되는 것입니다.

'프롤레타리아트 계급독재'는 표면상 '프롤레타리아트 계급'의 깃발을 들고 있지만, 중국 전체주의적 사회주의 체제에서 최후에 실행된 것은 당의 독재이자 개인의 독재였습니다. 여기에는 의미심장한 논리 전환이 있습니다. 레닌주의의 이론은 다음과 같습니다. 노동자와 농민 자신의 자생적인 사상은 자본주의일 수밖에 없으며, 사회주의 사상은 프롤레타리아트 계급의 정당인 공산당에 의해 주입되어야 한다는 것입니다. 다시 말해서, 프롤레타리아트 계급의 장기적 근본 이익은 당이 '대표'하는 것이고, 프롤레타리아트 계급독재는 당의 독재로 실천될 수밖에 없습니다. 그리고 당의 이익 또한 당의 영수 및 각급 지도부에 의해 실행되고 체현되며, 당의 독재는 최후에 중앙과 지방 각급 당 조직의 '제1서기 독재'로 실천됩니다. '프롤레타리아트 계급독재'*의 '프롤레타리아트 계급' 및 '인민 민주'는 단지 수식어에 불과하고,

그 실질은 당, 특히 당의 중앙과 지방 제1서기의 감독과 제약을 받지 않는 절대적 권력입니다. 이러한 독재체제는 줄곧 오늘날까지 연속되었습니다. 박희래 사건의 핵심은 바로 제1서기 독재이며, 가족 독재로 변화했다는 것입니다. 박희래 부부의 생명에 대한 무시는 그들이 거대하고 무한한 권력을 가지고 있기 때문입니다. 이러한 전제 체제하에서 진정한 민주가 실현될 수는 없습니다.

그리고 '민주집중제'가 있습니다. 민주집중제는 레닌이 제기한 것입니다. 당시 러시아는 어떤 원칙으로 당을 건설할 것인가 하는 문제로 논쟁을 벌였습니다. 일부 지식인은 민주의 충분한 발양을 주장해, 당의 모든 문제는 당원 사이에 충분한 토론을 거쳐야 하고 다른 의견을 허용해야 한다고 했습니다. 레닌은 그렇게 하면 당이 논쟁이 끊이지 않는 클럽으로 변하고, 어떤 일도 해낼 수 없을 것이라고 반박했습니다. 그는 당이 직업 정치가로 구성된 혁명 조직이며, 혁명의 효과와 역량을 담보하려면 반드시 민주보다 집중이 필요하기 때문에, 먼저 권력이 당의 지도기구와 당의 영수에게 집중되어야 한다고 강조했습니다. 그래서 '개인은 조직에 복종하고, 하급은 상급에 복종하며, 당 전체는 중

---

* 중국에서는 '인민 민주독재'로도 불린다.

앙에 복종'한다는 원칙이 나온 것이지요. 이렇게 '민주 집중'의 무게중심은 집중에 있었던 것입니다. 이른바 '민주의 기초 위에서 집중하고, 집중적 지도하에서의 민주'에서 출발점과 종착점은 모두 집중입니다. 객관적으로 말해서, 실행의 측면에서 이렇게 집중을 강조하는 것은 이치에 맞는 것 같습니다. 노신은 "지식과 강제력은 충돌해서 같이 성립할 수 없고, 강제력은 인민이 자유로운 사상을 가지는 것을 불허하며", "모든 개인의 사상이 발달하면, 각인의 사상은 같지 않고 민족의 사상도 통일될 수 없기 때문에 명령이 행해지지 않고, 단체의 역량은 감소하며, 점차 멸망한다. 역사에서 자주 볼 수 있듯이 옛날에 야만 민족은 문명이 발달한 민족을 자주 침략했다"(「지식계급에 관하여」)라고 말한 바 있습니다. 훗날 등소평이 의회민주를 반대한 중요한 이유도 논쟁이 그치지 않아 시기를 놓쳐 효율이 없다는 것이었습니다.

전시(戰時)에 이러한 이유는 특별히 설득력이 있는 것입니다. 전쟁에서는 확실히 지휘자의 절대적 권위가 필요합니다. 그리고 지하활동을 해야 했던 중국 공산당은 적의 동향에 관한 정보가 변화무쌍한 상황에서 확실히 차분히 민주를 발양할 조건을 갖추지 못하기도 했습니다. 이렇게 중국 공산당의 '권력 집중'은 점차 전통이 되었고, 관습이 되었습니다. 특히 앞서 이야기한 '세 가지 원칙은 오랫동안 주입되어 모든 당원이 자각적으로 수양하는 당성(黨性)이 되었습니다. 문제는 중국 공산당이 집정당이 된 이후, 이러한 혁명당의 조직원칙이 오히려 더욱 강제력을 띠고 더 철저하게 관철되었을 뿐만 아니라, 당이 장악한 국가권력과 결합되어, 한편으로는 고도로 집중된 권력을 수호해 당의 핵심 이익이 되었고, 다른 한편으로는 이와 같은 당의 조직원칙이 법리 국가의 기본 방침이 되어 몇 년 전까지도 '역량을 집중해 대사를 치르자'고 제창했다는 것입니다. 이는 전쟁의 사유와 권력집중[集權]적 방식으로 현대 국가를 다스리는 전형입니다. 표면적으로 이러한 권력집중은 돌발적인 사건을 처리하는 데 아주 효과적입니다. 그러나 민주적 감독과 제약이 결여된 권력집중은 필연적으로 권력 남용을 초래하고, 최종적으로 권력을 독점한 기득 이익집단을 형성할 뿐만 아니라, 효과적인 교정 시스템이 전무하기에 엄중한 정치 및 사회의 위기가 발생하고, 이를 수습하기도 어렵습니다. 국가·민족·인민 전체의 운명이 모든 권력이 집중된 극소수 지도부의 손에 장악되어 있습니다. 이러한 과두정치 체제하에서, 이른바 '민주집중제'에서 민주는 거짓이고 집중이 참입니다. 민주는 일시적 방책이고, 집중이 근본입니다. 이는 필연적 결과이며, 그 본질의 체현이기도 합니다.

그러나 중국의 신좌파는 이를 미화해 '인민을 위한 집권'이라고 합니다. '인민을 위한 집권'이라고 선포하기만 하면 곧 합리성을 띠고, 심지어는 우월성이 있다는 듯이 말입니다. 이러한 고담준론에 대해서는 진지하게 이치를 따질 수도 없고, 그럴 필요도 없습니다. 토론할 만한 것은 모택동이 말한 '대중 노선'입니다. 오늘날까지 중국 공산당 지도부는 여전히 대중 노선을 표방합니다. 신좌파는 이를 모택동의 위대한 창조라고 여깁니다. 이는 진지하게 토론하고 분석할 필요가 있습니다.

문화대혁명, 당과 대중이라는 모순

백승욱   저는 '아래로부터의 민간 이단사상'과 위로부터의 중국 공산당이 주도한 '사회주의'의 구도의 교직 속에서 사회주의 시기의 역사를 이해해야 한다는 전리군 선생님의 생각에 전적으로 동의합니다. 저 또한 그런 관점에서 문혁의 역사를 다시 읽어보려는 책*을 출판했습니다. 저는 그 고리를 위로부터 중앙문혁소조장이었던 진백달(陳伯達, 천보다)의 역할과 아래로부터의 조반파의 진화의 교직을 통해 찾아보고자 했습니다. 그런데 출발점은 같더라도 해석에서는 분명 이견이 있을 수 있고 토론이 가능한 부분이 발견됩니다.

----

*   백승욱, 『중국 문화대혁명과 정치의 아포리아』(그린비, 2012).

저는 책에 부록으로 진백달의 글 두 편과 함께 양희광(楊曦光, 양시광)의 「중국은 어디로 가는가」와 류국개(劉國凱, 류궈카이)의 「인민문혁을 논한다」를 번역해 실었습니다. 1968년 양희광의 글에서 2005년 류국개의 글로 오는 사이에는 연속성도 있지만 많은 변화도 있습니다. 그런데 이 변화 중에 '징후적' 측면이 눈에 띕니다. 양자 모두 1966~1968년의 문혁이 '관료파면[罷官] 혁명'이나 '적발[揪시] 혁명'으로 흘러간 측면을 비판하고, 그것을 좀 더 '구조적' 변혁의 측면으로, 특히 '관료 특권계급의 전복'으로 옮기고자 합니다. 그런데 류국개의 정치적 함의는 양희광보다도 훨씬 더 여전히 관료파면 혁명이나 적발 혁명의 수준을 넘어서지 못하는 것으로 보입니다. 저는 그것이 1970년대 후반을 거치면서 성장하고 발전한 '이단사조'가 여전히 돌파하는 데 어려움을 겪은 난점과 연관되지 않는가 하는 의구심이 있습니다. 만일 문혁의 3파 구도가 현재 반복되고 있다면, 온건 조반파와 급진 조반파가 모두 곤궁에 처한 것은 아닐까 하는 질문은 이런 배경에서 나옵니다.

문혁과 관련해서 '당'이라는 쟁점에 대해 여쭤보겠습니다. '대중의 당'은 '사회주의로 이행'의 매개-실현자를 자처했지만, 역사 속에서 '당'은 그러지 못하고 오히려 대중운동을 억압하고 더 나아가 대중 학살을 거쳐 '자본주의의 세계적 발전'까지 추동한 것은 어떤 모순 때문이었는지, 그것은 불가피한 것이었는지, 그에 대한 대안은 없었는지 질문 드립니다. 이는 단지 중국에 한정되는 질문은 아닙니다. 당은 근대 정치에서 제기되는 많은 아포리아의 손쉬운 해결책이었으나, 그 대가 또한 작지 않았습니다.

이와 연관된 질문도 함께 드리겠습니다. 바로 대중과 변혁 사이의 아포리아에 대한 것입니다. 대중이 스스로 억압받지 않고 독립적으로 판단하는 정치 주체가 되려는 이유는 그 자신을 억누르고 타인 또한 억압하고 있는 어떤 '체계' 또는 '구조'를 그렇지 않은 방향으로 전환시키기 위해, 다른 말로 하면 '변혁'하기 위한 것이었습니다. 자신이 자율적 정치 주체가 된다는 것과 그것을 통해 세계의 구조를 좀 더 평등하고 자유로운 방향으로 변화시켜간다는 것은 서로 떨어진 목표는 아닙니다. 그렇지만 현실 역사 속에서 이 두 목표는 매우 연결이 어려운 아포리아적 관계에 있습니다. 문혁의 표류와 난점, 실패 또한 이와 무관하지 않은 것 같습니다.

문혁 이후 현재 또한 마찬가지입니다. 한편에서 '전체주의적'이 되지 않을 독립적이고 자율적인 주체의 형성이라는 목표와 다른 한편에서 우리를 둘러싸고 전개되는 전 지구적 '신자유주의화'나 '탈정치화', '소비주의화' 등을 극복하는 과제가 어떻게 결합할 수 있을까요? 우리가 마르크스로부터 배운 것은 적어도 그

4. 중국 공산당의 '사회주의민주'의 모순 |

과제가 단지 '개인들의 미시적 노력'에 의해 달성될 수 없는 다른 구조를 가지고 있다는 점입니다. 거기에 추가해 우리는 문혁의 '부정적 교훈' 중 하나로서, 대중이 자율적·정치적 주체가 된다는 것은 항상 대중 스스로 대중의 적이 될 수도 있는 '대중의 공포'라는 질문을 회피할 수 없다는 점을 염두에 두어야 합니다. 당은 이 과제의 해결자인 듯싶었지만, 결국 사실은 그 아포리아의 핵심에 놓여 있습니다.

전리군　　나는 모택동을 연구하면서 그가 즐겨 쓰는 키워드와 핵심 개념을 발견했습니다. 이는 그의 사상에 진입하는 가장 좋은 통로입니다. 그중 가장 중요한 것은 '당'과 '대중'입니다. 이는 각각 모택동 사상 속의 레닌주의와 포퓰리즘이라는 두 측면을 표현합니다. 모택동은 "우리가 마땅히 대중을 믿어야 하고, 우리는 마땅히 당을 믿어야 하며, 이는 두 가지 근본적 원리이다. 만약 이 두 원리를 의심하면, 어떤 일도 해낼 수 없다"(「농업합작화 문제에 관하여」)라고 말했습니다. 이 두 가지는 모택동의 사상 속에서 가장 '원리'적인 것입니다. 서로 보충적이면서 내재적 모순이 있는 두 명제이고, 모택동 사상은 이 양자 사이의 긴장 속에 체현되어 있습니다.

　　우리는 앞에서 '당의 집중적 지도'를 토론했는데, 이는 레닌주의의 기본 원칙입니다. 모택동은 그 안에 '대중 민주'라는 포퓰리즘 요소와 의미를 추가하고자 했습니다. 그래서 "대중으로부터 나와서 대중 속으로 들어간다"는 '대중 노선'을 만들어낸 것입니다. 이는 이른바 "대중의 의견(분산되어 체계적이지 않은 의견)을 집중시켜(연구를 거쳐 집중된 체계적 의견), 대중 속으로 들어가 선전하고 해석해, 대중의 의견이 되도록 하고, 대중이 견지하도록 하여, 행동으로 표현되며, 대중 속에서 견지되어간다. 이와 같은 무한한 원은 거듭되면서 더욱 정확하고, 더 생동적이며, 더 풍부해진다"(「영도 방법에 관한 약간의 문제」). 글만 보면 이는 상당히 합리적인 것 같습니다. 그러나 자세히 분석해보면 아주 많은 문제가 보입니다.

먼저, 무엇을 '대중' 및 '대중의 의견'이라고 부를 것인가? 모택동의 이론에 따르면, 대중은 계급·파벌로 나뉩니다. 그는 "인간 집단이 있는 곳에는 좌·중·우가 있고, 1만 년 이후에도 똑같을 것이다"(「사정이 현재 변화하고 있다(事情正在起變化)」라고 말한 적이 있습니다. 모택동이 이야기하기 좋아하는 '농민 대중'으로 이야기해봅시다. 그는 농민에 대해 모순적인 판단 두 가지를 했습니다. 한편으로 그는 반복해 "소생산자는 매일 매시에 자발적으로 자본주의를 생산한다"는 레닌의 말을 합니다. 이는 전형적인 레닌주의 관념입니다. 즉, 농민에 대한 당의 개조와 지도를 강조하는 것이지요.

그러나 모택동은 여러 차례 중국 농민과 세계 기타 국가의 농민은 다르며, 그들은 스스로 "사회주의의 길을 걷는 적극성"이 있다며, 농민의 자발적인 사회주의 경향을 강조합니다(「농업합작화 문제에 관하여」). 농민에 대한 이러한 상호 모순적인 분석은 모택동의 사상에서 레닌주의와 포퓰리즘이 충돌함을 폭로합니다. 모택동은 어떻게 이 양자를 통일시켰을까요? 그는 '중농'을 다시 '상중농'(즉, 부유중농)과 '하중농'으로 분류합니다(「농업합작화는 반드시 당/단원과 빈하중농에 의탁해야 한다(農業合作化必須依靠黨團員和貧下中農)」).* "부유중농의 뒤에는 지주와 부농이 서 있어"서 자본주의의 발전을 요구하고, 하중농은 빈농과 함께 사회주의의 발전을 요구한다고 합니다(「중국 농촌의 사회주의 고조'에 대한 평주(「中國農村的社會主義高潮」的按語)」). 이렇게 모택동에게 이른바 '대중'과 '대중의 의견'은 모두 계급 분석을 요하는 것입니다. '빈하중농'과 같이 그가 인정한 '대중'의 의견만이 '대중의 의견'이 됩니다. 그리고 상중농과 같이 그가 배척하는 '대중'의 의견은 '대중의 의견'에서 제외됩니다. 왜냐하면 그는 일찍이 "부유중농의

---

* 당시 농민은 부농(富農), 중농(中農), 빈농(貧農)으로 구분되었고 중농은 다시 상중농과 하중농으로 구분되었다. 빈하중농은 빈농과 하중농의 총칭이다.

뒤에 지주와 부농이 서 있고" 그들의 의견은 선험적으로 지주 및 부농, 즉 적대적 계급의 이익을 대표하는 것으로 결정되어 있다고 판단했기 때문입니다.

그래서 모택동의 '대중 노선'은 그의 '계급 노선'과 뒤섞여 있고, 후자가 실질적 내용입니다. 농업합작화운동에서 대약진, 인민공사, 사청운동,* 나아가 문혁까지 모택동이 발동한 모든 대중운동이 의탁한 사람은 모두 빈하중농 출신이었고, 그 가운데 상당수가 당/단원 및 제대군인이었다는 분석도 있습니다. 더 구체적으로 분석해보면, 모택동과 공산당이 진정 의탁한 것은 모든 빈하중농이 아니었고, 그들 중의 '용감한 분자', 즉 이른바 '건달'이었음을 발견할 수 있습니다. 통상적으로 '룸펜 프롤레타리아트'라고 부릅니다. 모택동은 일찍이 호남농민운동에 참여하면서 이들을 '혁명의 선봉'이라고 치켜세웠습니다「호남농민운동고찰보고(湖南農民運動考察報告)」]. 이러한 '혁명 선봉'의 가장 큰 특징은 당과 모택동의 소환에 가장 잘 응답하고, 결연히 집행하는 것입니다. 이렇게 모택동의 대중 노선에서 '대중의 의견'은 사실 당과 모택동의 의지였습니다. "대중의 의견을 집중시켜, 대중 속으

---

*   모택동이 간부의 부패를 해결하고자 만든 것으로, 정치·경제·조직·사상에서의 정화를 강조했다.

4. 중국 공산당의 '사회주의민주'의 모순 |

로 들어가 선전하고 해석해, 대중의 의견이 되도록 한다"는 것은 선험적인 견해, 즉 당과 모택동의 의지 및 의도였고, 이른바 "대중 속으로 들어간다"는 것은 진정으로 대중의 의견과 목소리를 듣는 것이 아니라, "분산되어 체계적이지 않은 의견" 속에서 당과 모택동의 의도에 부합되는 '의견'을 선별해, '대중의 의견'으로 삼아 집중시켜 당의 결의로 바꾸고, 다시 대중 속에 관철되어 '대중의 의견으로 전화'되도록 한다는 것입니다.

이와 같은 일련의 조작 과정을 거쳐, 당과 모택동의 의지와 의도는 환상적으로 대중의 의지와 의도로 바뀌거나, 또는 이론가들에 의해 '당의 의지와 대중의 의지의 고도 통일'이라고 미화되었습니다. 우리는 앞선 토론에서 '독재'와 '민주' 모두 중국 공산당과 모택동이 인민을 통제하는 도구라고 이야기했는데, 지금도 '대중 노선'이 똑같이 이렇게 대중을 통제하고 이용하는 도구임을 보게 됩니다.

이렇게 주관적으로 선별된 '대중의 의견'은 종종 당내 투쟁에서 모택동의 카드가 되었습니다. 이는 1955년 농업합작화운동에 관한 당내의 논쟁에서 매우 선명하게 드러났습니다. 당시 당내 농촌공작부 부장 등자회(鄧子恢, 덩즈후이)를 대표로 한 일부 노간부는 그들이 잘 알고 있는 농촌의 실정에 근거해, 합작사의 발전이 지나치게 빨라서 농민이 수용할 수 있는 한도를 넘어섰고, 대중으로부터 유리될 위험이 있다고 생각했습니다. 이는 더 빠른 사회주의 개조의 보폭으로 사회주의로 뛰어 진입하자는 모택동의 주관 의지에 위배되는 것이었습니다. 모택동은 자신이 주관적으로 승인한 '대중의 사회주의적 적극성'을 반격의 무기로 삼아, "(당의) 지도부는 대중운동의 후위로 떨어져서는 안 된다"(「농업합작화 문제에 관하여」)라고 강조하며 당내의 이견을 타격해나갔고, 이렇게 자신의 급진 노선을 위해 길을 열었습니다. 이러한 급진 노선이 엄중한 후과를 낳는다 하더라도 모택동은 시종일관 "대중의 이익의 대표자"로서 도덕적 관제 고지를 선점했던 것입니다. 이는 이후 당내 투쟁의 모델이 되었습니다. 1958년의 대약진과 인민공사운동, 1962년의 대대적 계급투쟁, 1966년에 개시된 문혁 등 모두 모택동이 '인민 대중'의 명의로, 즉 이른바 "민의를 청취하며, 노동자 농민의 이익을 수호한다"며 대중의 역량을 이용해 일체의 이의(異議)분자와 반대자를 성공적으로 제거했던 것입니다. 이러한 통치 논리는 지금까지도 계속되고 있습니다.

'대중의 이익을 대표'하는 것은 통치정당성의 주요한 근거가 됩니다. 다른 하나는 앞서 말한 '애국주의'입니다. 그래서 집정자의 '중국의 꿈'을 열심히 토론하면서도 이것이 '인민의 꿈'이라고 꼭 강조하는데, 이렇게 집정자의 의지를 인민에게 강제합니다.

물론 모택동과 집정당은 대중의 의견과 목소리를 듣는 것을 절대적으로 거부하지는 않았습니다. 중국 전통을 아주 잘 아는 모택동이 '백성이 배를 띄우기도 하고, 배를 뒤집기도 한다'는 오랜 교훈을 잊을 리가 없습니다. 그래서 당의 정책이 대중의 이익을 침해해 저항을 받으면, 모택동은 모종의 양보와 조정을 하기도 합니다. 예를 들어 그가 개시한 대약진과 인민공사운동은 '공산풍'·'과장풍'·'강제명령풍'이 너무 크게 불어 농민의 이익을 침해했고, 농민의 저항을 불러온 바 있습니다. 모택동은 즉각 농민과의 관계가 경색되어 어렵게 건설한 '당이 모든 것을 총괄'하는 지위가 위협당할 것을 의식해, 거듭 농민에게 양보합니다. 모택동은 그와 당의 의지가 대중의 장기적 이익을 대표한다고 생각합니다. 그러나 그는 대중 목전의 이익을 반드시 고려해야 함을 압니다.

모택동이 요구한 것은 당의 이익과 대중의 이익 사이의 균형입니다. 이러한 균형, 양보와 타협은 당의 집정 지위를 지켜 당의 근본 이익을 수호하고자 하는 것입니다. 그래서 모택동의 양보는 역시 제한적입니다. 농민이 '농가생산책임제'를 요구했을 때, 모택동은 그가 지키려는 사회주의에 저촉된다고 생각해 농민의 말을 들을 수 없다며 당의 지도를 강화하게 됩니다. 모택동에게 '당'과 '대중'은 손에 쥔 정교한 무기이고, 객관적 필요 또는 주관 의지 및 당내 투쟁의 필요에 따라 때로는 당의 지도를 강조하고 때로는 대중 의견의 경청을 강조합니다. 목적은 단지 개인 의지를 더욱 잘 실현하고, 개인 의도를 관철하는 데 있습니다. 이러한 통치술은 대대로 이어져왔습니다. 오늘날의 중국 지도부는 당의 지도와 민생 개선의 결합을 강조하는데, 바로 과거 모택동의 사유를 계속하는 것입니다.

모택동이 진정으로 힘쓴 것은 당의 의지, 개인 의지를 대중의 행동으로 변화시키는 것이었습니다. 다시 말해서 그는 대중의 역량을 충분히 이용해 그 개인의 의지를 실현하고자 했습니다. 이는 모택동 사상과 그 전략의 큰 특징일 것입니다.

이렇게 모택동의 민주관을 언급하게 됩니다. 모택동은 1943년 6월 팽덕회(彭德懷, 펑더화이)에게 보낸 긴 전보문에서 민주 교육 문제에 관한 그의 담화를 비판합니다. 단지 "민주·자유·평등·박애 등의 정의에서 출발할 뿐, 작금 항일 투쟁의 정치 요구에서 출발하지 않고", "언론·출판의 자유가 인민의 항전 적극성을 촉발하고 인민의 정치적·경제적 권리를 쟁취하고 보장하려는 것이 아니라, 사상의 자유 원칙에서 출발한다". 이는 대략 시민권을 중심으로 한 서방의 민주관에 대한 그의 관점을 드러내는 것입니다. 그는 반대하는 것 같지 않지만, 분명히 민주·자유·평등·박애 등의 원칙을 경시합니다. 이러한 권리의 쟁취가 '정치 요구'에 종속된다고 생각합니다. 모택동이 더욱 중시하는 것은 '인민

4. 중국 공산당의 '사회주의민주'의 모순

의 정치적·경제적 권리의 보장'입니다. 그가 보기에 이른바 '민주'는 대중(특히 기층 민중)의 정치사회적 참여와 대중의 실제적 경제이익의 획득입니다. 그리고 서방의 민주 이념이 강조하는 사상·언론·출판·결사의 개인적 자유와 선거 민주는 모두 형식적 민주이고, 그다지 실질적 의의가 없으며, 모종의 '정치 요구'를 위해 포기할 수 있다는 것입니다. 여기에서 모택동의 이러한 민주관에 대해 전면적인 평가와 토론을 하지는 않겠습니다.

내가 주목하는 것은 기층 민중의 정치, 사회참여와 경제이익에 대한 모택동의 강조입니다. 아마도 이는 모택동의 민주관이 특별히 가치를 얻는 부분일 것입니다. 이는 나에게 모택동이 1960년대에 쓴 『「정치경제학 교과서」 필기』에서 특별히 제기한 "노동자가 국가를 관리하고, 군대를 관리하며, 각종 기업을 관리하고, 문화교육을 관리할 권리"의 문제를 상기시킵니다. 그는 "이는 사회주의 제도에서 노동자의 가장 큰 권리"이며, "인민은 반드시 상부구조를 관리할 권리를 가져야 한다. 인민의 권리인데도 국가가 일부 사람에 의해서만 관리된다며 이해할 수는 없다"고 생각합니다. 모택동의 이러한 사상은 나와 같은 문혁 중의 민간사상가에게 아주 큰 영향을 줬고, '인민 민주 권리'에 관한 토론을 직접적으로 촉발했습니다. 우리는 모두 이것이 '사회주의국가에서 특권계급이 출현한' 위기를 해결하는 관건이라고 생각했습니다.

　물론 모택동의 '노동자 민주 권리'의 사상을 이상화할 수는 없습니다. 왜냐하면 그의 사상체계에서 당의 지도는 줄곧 하나의 기초이자 전제입니다. 그가 제창한 기층 대중의 정치사회 참여는 당의 절대적 지도와 통제하에 있어야 하고, 대중 민주의 주체는 실제로는 당이지 보통 민중이 아닙니다. 그래서 현실 정치 실천의 측면에서 모택동의 노동자 민주 권리는 당이 대중적인 계급투쟁을 발동하는 것으로 실천되고, 마지막에는 모든 법제와 규칙을 짓밟는 '대중독재'를 초래합니다. 이러한 민주관을 실천한 결과는 대중의 불만 정서와 변혁 요구에 대한 유인과 이용, 나아가 대중 역량에 대한 동원과 통제입니다. 그리고 이 두 측면 모두에서 모택동은 고수입니다. 이는 그가 연이어 적수에게 승리했던 주요 원인입니다. 동시에 모택동의 '대중 민주, 대중 노선'의 본질을 폭로합니다. 바로 최대한으로, 가장 강력하게, 가장 효과적으로 개인 의지와 당의 전제를 실현하는 것입니다. 즉, 모택동의 포퓰리즘은 레닌주의에 종속됩니다.

　모택동은 대중운동의 방식을 이용해 당의 부패 문제를 해결하려고 시도하기도 합니다. 그의 방법은 각종 명목의 정치운동을 개시하고, 광대한 대중의 참여를 동원해 매 운동이 특정 대상에를 들어 반우파운동 중의 우파, 사청운동 중의 '불청(不淸)한 네 부류의 간부' 들을 타격하는 동시에 당의 간부 대오에 대해서도 한 차례 정리를 통해, 매번 한 무리를 타도하고 한 무리의 지위를 올려줘서 당의 간부 대오가 시종일관 유동적인 상태에 놓이고, 고정된 기득 이익집단이 형성되지 않도록 방지합니다. 그의 이러한 방법은 일정한 효과가 있었습니다. 이는 모택동 시대의 간부가 상대적으로 청렴했던 중요한 원인입니다. 가장 핵심적인 것은 모택동 시대에 계획경제를 실행해, 권력을 이용하거나 개인적 경제이익을 도모할 공간이 상대적으로 작고 제한적이었던 점입니다. 게다가 모택동 시대에는 당 간부 사이에 혁명의 신념이 작용해 부패를 통제할 정신적 역량이 존재하기도 했습니다.

그러나 이러한 조건은 오늘날 이미 존재하지 않습니다. 제약을 받지 않는 권력과 시장의 결합 및 신념의 상실은 당의 부패를 통제불능의 상태로 만들었습니다. 그리고 대중을 동원해 당의 부패 문제를 해결하는 것은 아주 위험합니다. 모택동 시대에 대중이 당에 지녔던 기본 신념은 사라졌습니다. 부패의 철저한 적발과 폭로는 직접적으로 통치정당성의 부정을 초래할 것입니다. 통치 기반의 부실로 인해 당의 지도부는 모택동처럼 당의 기존 질서를 감히 뒤흔들 박력을 상실한 상태로, 안정적 간부 대오가 당 통치의 생명선이 되었습니다. 이와 같은 의미에서 일정 정도 당 간부의 부패가 허용되어 이익을 도모할 수 있게 되었는데, 이는 사실상 이미 당의 통치를 유지하는 필요조건이 되었습니다.

이는 아마도 오늘날 일부 사람들이 상대적으로 청렴했던 모택동 시대를 그리워하는 이유이기도 합니다. 보통 민중의 이러한 향수는 이해할 수 있는 것입니다. 그러나 역사를 연구하는 지식인으로서 대중적 계급투쟁으로 진행하는 반부패 운동의 부작용을 무시하고 이를 이상화해서는 안 됩니다. 대중적 계급투쟁의 가장 큰 문제는 그것이 '무법천지'이고, 법률의 제약을 받지 않는다는 점입니다. 이는 무분별한 인권 침해를 초래하고, 조작된 누명 안을 무수히 만들어냅니다. 게다가 진정으로 정확하고 효과적으로 부패에 반대하지 못하고, 권력자와 야심가에게 이용되는, 당내의 잔혹한 투쟁의 도구가 되어, '모두가 위태로운' 사회적 분위기를 만들어냅니다. 이러한 상황에서 계급투쟁 확대의 최후 피해자는 필연적으로 보통의 민중입니다. 이른바 '대중독재'는 모든 사람의 말 한마디 행동 하나하나를 무소불위의 '대중의 눈'(통상적으로 앞서 말한 '건달' 식의 '적극 분자')이 감시하는, 모택동이 '프롤레타리아트 계급독재를 기층까지 실천하는' 가장 중요한 수단이었습니다.

좀 더 토론할 것은 이러한 대중독재의 이론적 근거입니다. 그 가운데 중요한 측면 하나는 이른바 '전도된 역사를 다시 전도시킨다'는 것입니다. 모택동은 일찍이 『호남농민운동고찰보고』에서 "혁명은 폭동이고, 한 계급이 다른 계급을 전복하는 폭발적인 행동"이라고 했고, '전복'은 "과거 일체의 사람들 아래에 섰던" 사람이 "일체의 사람 위에 선" 사람이 되는 것이라고 제기한 바 있습니다. 이것이 곧 '전도'입니다. 다시 말해서 피억압자를 해방시킬 뿐만 아니라 피억압자가 억압자가 되도록 하는 것이고, 동시에 억압자가 피억압자가 되도록 하는 것입니다. 본래 혁명이라는 것은 "인간이 인간을 억압하고, 인간이 인간을 노예로 부리는 일체의 현상을 소멸시키는" 이상에서 출발해, 피억압자(노동자 및 농민)의 편에 서서 그들이 노역과 억압에서 벗어나 박탈당한 권리를 쟁취할 수 있도록 돕는 것으로, 불변의 진리와 같습니다. 여기에 바로 중국 혁명의 역사적 합리성이 있습니다. 그리고 이것이 바로 내가 앞서 말한 중국 혁명에 대한 나 자신의 동정적 이해입니다.

그러나 혁명이 승리한 이후, 모택동과 공산당은 "전도된 역사를 다시 전도해", 즉 노동자와 농민(실제로는 노동자와 농민을 대표한다고 자칭하는 당)이 신분이 바뀌어 해방된 이후, 스스로 새로운 통치자가 되어 원래의 억압자(지주와 자본가)에게 독재를 실행하고자 했습니다. 예를 들어, 농촌에서 토지개혁이 실시된 후에 지주의 토지는 몰수되었고 그들은 이미 자신의 노동의 힘으로 먹고 사는 노동자가 되었는데, 여전히 그들에게 '대중독재'를 하고 자녀들까지 연루해 대대손손 시민권을 향유할 수 없는 새로운 세습 '천민'이 되도록 했습니다. 다른 한편, 당의 간부(그들 중 상당수는 빈곤 가정 출신이고, 노예로 부려졌던 자들이다)는 권력을 장악하고 "일체의 사람 위에 서게 된" 이후, 점차 부패해 특권계층, 즉 새로운 억압자가 되었습니다. 이렇게 혁명은 일종의 새로운 억압과 노역 제도로 과거의 억압과 노역 제도를 대체했고, 근본적으로 "인간이 인간을 억압하고, 인간이 인간을 노예로 부리는 일체의 현상을 소멸시키자"는 첫 마음과 어긋나게 되었습니다. 중국에서 발생한 일이 바로 이러한 '혁명의 소외'라는 비극입니다.

이와 같은 소외에 대한 성찰로부터 민간사상가 가운데 대표적인 임소(林昭, 린자오)는 "완전하고 불가분한 총체적 자유관"을 제시했습니다. "노예로 부려지는 사람이 있으면, 생활 속에 진정하고 완전한 자유는 불가능하며", "노예로 부려지는 사람만이 부자유한 것이 아니라, 그를 노예로 부리는 자도 동일하게 자유로울 수 없다." 억압에 저항하는 목적은 새로운 억압자가 되려는 것이 아니라 "모든 사람에게 자유를 주려는 것"이며, 노예로 부려지는 자가 부자유 상태에서 해방될 뿐만 아니라, 노예를 부리는 자도 또 다른 부자유 상태에서 해방되어 스스로 "타인을 노예로 부리지 않는" 상태 속에서 진정한 자유를 획득합니다. 이는 최종적으로 인간이 인간을 억압하고, 인간이 인간을 노예로 부리는 현상을 끝장내는 것입니다(「≪인민일보≫ 편집부에 보내는 편지」). 이는 모택동이 지도하는 중국 혁명 경험의 교훈에 관한 중요한 총결입니다.

5

제3세계와 모택동 사상

백원담   우선 지식인으로서 역사와 현실에 대한 책임의식 속
에서 방대한 자료의 섭렵과 개인적 경험의 객관적 역사화를 토
대로 모택동을 통해 중국 현대사의 문제를 통찰해주신 것에 경
의를 표합니다.

『모택동 시대와 포스트 모택동 시대 1949~2009』는 워낙 오랜
숙성을 거쳐 마음 놓고 작업을 하신 것이라 쉽게 접근해 들어가
기가 어려운 책입니다. 전 역사 과정을 포괄하고 있어서 짧은 시
간에 역사적 사안 하나하나를 쟁점화해내기가 어려운 측면이 있
고, 무엇보다 섭렵하신 자료를 채 확인하지 못한 터라 섣부른 판

| 백원담

"1957년 무렵 사회주의 민주운동은
당시 아시아에서 발화된 비동맹운동과
연관해 파악할 부분이 있다고 생각합니다."

단을 하기가 어려운 지점이 많다는 점을 우선 실토합니다. 따라서 토론이라고 하기보다는 보완 차원에서 몇 가지 질문을 드리겠습니다.

이 책을 전체적으로 관통하는 기조는 다음과 같습니다.

'사회주의 중국 시기에 모택동이 지도하는 주류적 지위를 차지하는 중국이 있고, 억압받고 말살당했지만 줄곧 완강하게 버텨온 지하중국이라는 두 개의 중국이 있다. 모택동의 발전 노선은 현실 속에서 실현되었는데, 다른 하나는 이와 대립하며 실현되지 못했다. 그렇지만 저자는 이 양자를 각자 합리성을 지닌 발전 노선으로 보고, 이 두 개의 발전 노선이 서로 치고받으면서[搏鬪], 저항·탄압·재저항·재탄압해온 것이 중국 당대의 역사 과정이다.'

그 비주류의 사회주의를 민주사회주의 혹은 민간사회주의로 명명하셨는데, 그 역시 모택동이 기반을 둔 전통 중국의 농민혁명들에 기원하고 있는 것이 아닌지요? 그 역사적 구성 과정을 간단하게 설명해주시기 바랍니다.

또한 『모택동 시대와 포스트 모택동 시대 1949~2009』에서 "중국에서 1957년 대학 캠퍼스의 사회주의 민주운동은 분명히 유고슬라비아의 노동자 자치 사회주의 실험과 폴란드·헝가리 사건의 계시를 받았다는 것입니다. 또는 동일하게 국제 사회주의 개혁운동의 유기적 일부분이었다고 할 수 있습니다. 이후에 우리는 1980년대 중국 민간의 사회민주운동 역시 동일하게 폴란드 연대노조운동의 영향을 받았음을 이야기할 것입니다. 이 역시 내재적 발전의 실마리를 구성합니다"*라고 하셨는데, 그렇다면 선생님의 새로운 지향은 동유럽식 사회민주운동, 결국 사회민주주의라고 할 수 있습니까?

저는 1957년 무렵 사회주의 민주운동은 당시 아시아에서 발화된 비동맹운동과 연관해 파악할 부분이 있다고 생각합니다. 비동맹 노선은 냉전 구조를 강화하는 어떠한 군사적·경제적 동맹도 맺지 않고 아시아·아프리카 신흥독립국들이 제3의 길을

---

* 전리군, 『모택동 시대와 포스트 모택동 시대 1949~2009』(상), 188쪽.

5. 제3세계와 모택동 사상

모색하는 과정의 산물이라는 점에서 그 민족적·사회적 해방운동의 내함(內含)과 연관이 전혀 없었다고 볼 수 없기 때문입니다.

아울러 선생님은 '대국 책임론'을 제기하면서 다음과 같이 말씀하셨습니다.

"이른바 '대국 책임'의 배후에는 전통적인 '중앙 콤플렉스'가 있습니다. 중국의 전통 관념에 '세계'라는 개념은 없고, 단지 '천하'라는 개념만 있습니다. 그리고 '천하'의 중앙이 바로 중국입니다. 이 중앙 콤플렉스, 대국 콤플렉스는 거의 몇천 년 동안 누적되어온 민족 콤플렉스입니다. 그러나 근대 100년 동안 서방의 흥기에 따라, 중국이 낙후한 상태에 처해 있는 현실을 대면하지 않을 수 없게 되었습니다."*

모택동은 분명히 중국을 '선진적 아시아'의 선두주자로 보았고, 그가 고취한 것은 선명한 '중화중심주의' 색채를 띠는 '동방민족주의'입니다. 여기에서 모택동의 논의는 1956년에 그가 제기한 '제3의 발전 노선' 사상의 발전이자, 1970년대에 제기한 '제3세계' 이론, 그리고 중국이 '세계혁명의 기지'가 되어야 한다는 사상을 배태하는 것입니다. 이로 인해 중국이 빠른 속도로 영국과 미국을 따라잡는 것은 그의 마음속에서 동방(프롤레타리아트 계급)

---

* 전리군, 『모택동 시대와 포스트 모택동 시대 1949~2009』(상), 283쪽.

과 서방(부르주아 계급)의 결전을 의미합니다.

이러한 문제 제기는 십분 타당하지만, 여기서 제2차 세계대전 이후 아시아에서 냉전의 체제화 과정, 1950년대 비동맹운동의 형성 과정, 중국과 인도의 반둥회의 주도 등의 긍정적 맥락은 소거하고, 중국 중심의 사고로 규정해버리는 것은 문제가 아닌가 합니다. 평화 5원칙의 역사적 의미로 봐도 그렇고, 한국전쟁 당시 중국의 참전 문제와 이후 휴전과 복구 작업 참여 등 아시아에서 중국 사회주의 형성과 그 전도의 의미에 대해서 너무 중국 중심, 혹은 모택동의 세계혁명 욕망의 서사로 제기하시는 것은 문제가 있다고 봅니다. 오히려 모택동의 중간지대론과 제3의 발전 노선이 제3세계 근대화론과 대척되면서 아시아에서 사회주의 혹은 근대화 기획의 사상연쇄의 측면에서 논의될 필요가 있겠습니다. 더 나아가 말씀드리면 이 책 전반에 걸쳐 사상가 모택동의 면모가 좀 더 체계적으로 드러나지 못한 측면이 아쉬움으로 남는 것 같습니다.

그리고 시인 모택동의 문제인데, 선생님께서는 모택동이 시인의 상상력으로 나라를 다스렸다는 것을 문제로 삼습니다. 대약진과 인민공사가 바로 시인의 상상력으로 나라를 다스린 전형적 실험이고, 이는 그가 세 가지 돌파를 실현하고자 했음을 의미하는데, 첫째, 공상 사회주의의 피안 이상을 차안화하고자 했고, 둘째, 소규모의 실험에 만족하지 않고 짧은 시간 내에 중국이라는 이렇게 크고 인구가 많고 경제가 낙후한 곳에서 즉각 '공산주의 천당(실제로는 공상 사회주의)'을 세우고자 했으며, 셋째, 프롤레타리아트 계급독재의 조건 아래에서 전제적 수단으로 공상 사회주의 실험을 진행하고자 했다는 것입니다. 그리고 이 세 가지 조건이 하나가 되어 거대한 재난을 가져올 수밖에 없었다는 것이지요. 그러나 저는 『시와 모택동』이라는 책을 쓰고 있는데, 모택동의 시문(詩文)과 시적 사유를 통해서 역사와 대중과의 소통체계, 역사적·문화적 창조의 긴장, 새로운 세계상에 대한 다른 모색의 문제를 고민한 까닭입니다. 혹시 시인 모택동으로부터 폐해 말고 다른 감동을 받으신 게 있다면 소개해주시기 바랍니다.

한편, 한국에서도 1960년대와 1970년대 당시 문혁에 대한 이해와 평가와 관련된 보도와 논의가 있었습니다. 물론 최근 들어 중국에서 문혁 관련 자료들이 공개되면서 이에 대한 연구도 집중되고 있는 상황입니다. 선생님은 모택동 시대와 사회주의 중국이 '두 개의 중국, 두 개의 발전 노선이 서로 치고받으면서, 저항·탄압·재저항·재탄압해온 역사 과정'으로 설명하고, 주류 역사의 문맥 속에 잠재한 민간사회주의의 역사를 복원하고자 합니다. 그런데 선생님이 새롭게 발굴한 그 민간사상가를 연구 시야에 포함시키고 역사 서술에 진입시켜, 모택동 시대와 포스트모택동 시대의 역사적 경관(景觀)에 대한 우리의 인식·묘사·상상에 변화를 유도하셨지만, 제가 보기에 그 역시 일국주의적 맥락을 벗어나지 못하는 한계를 안고 있다고 보입니다. 말하자면 그것을 어떻게 아시아적 지평에 아시아의 사상 자원으로 재맥락화할 것인가 하는 것이지요. 이를테면 아시아의 사상적 대면이라고 할 것인데, 중국의 경우 자국사의 경관에 갇혀서 아시아의 사상적 궤적을 대면하거나 깊게 들어갈 여유가 없어 보입니다. 이처럼 중국적 입지가 일반적으로 관철되는 방식으로 아시아의 사상 경관이 경도되는 것에 대해 어떻게 생각하시는지요?

마지막으로, 조반니 아리기(Giovanni Arrighi)는 개혁개방의 성공으로 새롭게 부상하는 중국과 동아시아의 부흥, 특히 중국의 부흥을 설명하기 위해 일본 학자 스기하라 가오루(杉原薰)의 테제를 가져왔습니다. 스기하라는 아시아가 근면혁명(勤勉革命)을 겪으며 인적자본을 활용하는 발전 경로를 개척했는데, 이는 서구 산업 문명의 비인간적[非人的] 기술 중심의 자본 활용 경로와는 다르다며, 아시아는 '노동집약적 산업화'를 탄생시켜 경쟁 우위를 확보했다고 주장했습니다. 20세기 후반 동아시아 경제의 성공은 서구적 근대 경로와 노동집약적 에너지 절약형 동아시아 경로가 결합한 결과라는 것이지요. 그리하여 아리기는 중국과 동아시아의 부상이 경제적으로 불평등하고 전쟁으로 점철된 자

5. 제3세계와 모택동 사상

본주의적 발전 경로를 수정하고 동아시아 경로의 장점인 경제적인 평등과 평화를 구현해, 새로운 반둥의 모델을 통해 세계사의 전환을 이루어갈 수 있기를 바랍니다.

그렇다면 G2로 부상한 중국은 미국의 팍스 아메리카나(Pax Americana), 즉 군사력이라는 폭력에 의존한 자유주의 질서의 구축 및 유지와는 다른 새로운 대안적 가능성을 과연 무엇으로 담보해낼 것인가? 여기서 특히 선생님이 말씀하시는 민간사회주의의 동력, 그것이 만들어온 대중 참여, 사회민주의 활력은 어떤 정치적 제도 혹은 과정에서 가능할 것인가? "만약 이 방향 전환이 중국의 자국 중심적 시장 기반 발전, 강탈 없는 축적, 비인적자원보다 인적자원을 동원하고, 대중의 참여를 통해 정책을 만들어가는 정부 등과 같은 중국의 전통을 부활시키고 공고히 하는 데 성공한다면, 중국은 문화적 차이를 진정으로 존중하는 문명 연방을 출현시키는 데 결정적으로 기여하는 지위에 오를 수 있을 것"이라는 아리기의 기대에 대한 문제를 제기해주시기 바랍니다. 선생님의 후기에서 그에 대한 깊은 성찰을 발견할 수 있기 때문입니다.

모택동 시대는 모택동이 취했던 대중운동의 동원 방식 때문에 무수한 주변적인 보통 민중이 역사 과정에 휘말렸으며, 전체 인민의 정치적 애정을 형성했다. 이것이 수동적인 참여이고 엄격한 통제를 받았다고 하더라도, 일단 참여하게 되면 곧 일부 사람 가운데 독립적 사상이 생산되고, 나아가 모택동 사상 그 자체에서 이단적인 성분으로 존재하게 된다. 이로써 모택동이 대중을 동원할 때 그는 유·무의식적으로 이단사상가를 양성했던 것이다. 일반적인 상황은 이러한 민간이단이 처음에는 모택동에 의해 각성되고 최후에는 근본적 회의로 발전해 모택동이 허용할 수 없게 되며, 결국 잔혹한 탄압을 받게 되는 것이다. 이로부터 모택동과 그가 건립하고 수호하고자 했던 체제에 대한 의식적인 저항이 분출하게 된다.*

전리군   백원담 선생님의 문제는 일부 앞의 토론에서 언급된 바가 있습니다. 여기에서는 세 가지 문제를 토론해보겠습니다.

먼저, '민간사회주의' 사조와 운동의 흥기 및 발생의 원인과 배경입니다.

나는 중국 민간사회주의 사조, 운동의 흥기를 1957년으로 잡고 있습니다. 게다가 북경대학을 중심으로 한 학원민주운동(당시 학생들은 스스로 '5·19민주운동'이라고 불렀다)을 표지(標識)로 하고 있습니다. 왜냐하면 그에 앞서 현행 체제를 비판한 이단사상 및

*   전리군, 『모택동 시대와 포스트 모택동 시대 1949~2009』(하), 507쪽.

5. 제3세계와 모택동 사상 |

저항을 실행한 이의분자가 있었지만, 대부분 개인이나 소집단의 활동이었고 광범위한 사회적 영향이 없었기 때문입니다. 더 중요한 것은 그들의 저항 자원과 기본 입장이 대부분 비사회주의였고, 심지어는 반사회주의, 나아가 반공이었기 때문입니다. 그러나 1957년의 학원민주운동의 주체인 1950년대 대학생들은 기본적으로 사회주의 신념을 지니고 있었습니다. 이는 더욱이 그들이 받은 교육과 관련될 뿐만 아니라, 당시 공화국이 상승 시기에 놓여 국가가 취한 사회·경제·교육·문화 정책이 기층 민중 위주로 되어서, 노동자와 농민이 보편적으로 일종의 해방감을 느끼게 되었기 때문입니다. 게다가 수많은 대학생들이 빈곤 가정 출신이기도 했습니다. 이 모두가 과거 시대에는 전혀 없었던 것이어서, 대학생들의 사회주의 신념을 크게 강화했습니다.

이는 오늘날의 대학이나 대학생과 매우 다른 것입니다. 물론 일당 전제 체제의 폐단이 당시 막 폭로되어 점차 누적되고, 대학생 가운데 가장 민감한 선각자들이 이미 사회 기본 모순의 일체를 느끼게 되었습니다. 특히 그들은 당 권력의 고도 집중으로 이미 '특권계층'의 맹아가 출현한 것을 발견했고, "왜 사회 공정과 평등의 추구를 표지로 하는 사회주의국가에 특권이 출현하는가"라는 문제는 해명되지 않은 곤혹이었습니다. 그래서 다음과 같은 문제가 나옵니다. "현행 사회주의 체제는 '진정한 사회주의'인가? 우리는 결국 어떤 사회주의를 추구하는가?" 이는 민간사회주의 사조의 출현이 1950년대 대학생 속에 내재했던 정신적 요구 및 사상의 논리로부터 나온 것임을 설명해줍니다.

물론 외재적 환경과 조건도 필요했습니다. 이 점은 내가 책에서 아주 분명하게 이야기했습니다. 주로 소련 공산당 20차 당대회에서 스탈린의 오류에 대한 폭로와 비판이 사회주의 운동 중의 '스탈린 모델'에 대해 처음으로 회의와 반성을 불러일으켜, 세계 냉전 구조 속의 양대 모델이었던 '소련 모델'과 '미국 모델'에 대한 성찰이 전개되었습니다. 주목할 만한 것은 소련 사회주의의 스탈린 모델에 대한 회의가 그것을 이유로 서방 자본주의의 미국 모델에 대한 경배로 나아가지 않았다는 점입니다.

이는 오늘날의 상황과 매우 다릅니다. 1957년 학원민주운동 속에서 서방의 자원, 특히 계몽주의와 인도주의 사상이 확실히 상당한 영향력을 미쳤다는 사실을 부인할 수 없습니다. 그 운동의 당사자와 연구자 일부도 그래서 학원민주운동을 자유주의 운동으로 부르기도 합니다. 나는 이러한 자유주의 사상의 영향과 요인의 존재를 인정합니다만, 그것이 운동의 주류를 대표한다고 생각하지 않습니다. 반대로 역사적 사실로 드러난 것처럼, 당시 운동의 발전에 지배적 영향을 미쳤던 학생 지도부인 임희령이나 담천영 등은 모두 민주사회주의의 경향이 매우 선명했고, 학생

5. 제3세계와 모택동 사상

운동은 의식적으로 동시대의 민주당파가 주체가 된 자유주의 운동과 거리를 유지했는데, 이는 우연이 아니었던 것입니다. 학생들은 그들이 추구하는 '민주'가 '소련식'도 아니고, '미국식'도 아니라고 명확히 이야기했습니다. 다시 말해서, 1957년 중국 학생들의 사회주의 민주운동은 냉전 시대의 '미국 모델이 아니면 소련 모델'이라는 양극 구조를 돌파하고자 시도한 것이고, 의식적으로 '제3의 모델, 제3의 노선'을 추구하고자 했던 것입니다. 이는 백원담 선생님이 특별히 강조한 동시대의 '비동맹운동'과 내재적 연계가 있습니다. 내가 앞의 토론에서 비동맹운동에 대한 당시의 대학생들의 친밀감, 제3세계 국가에 대한 정감 및 여기서 출발한 세계 상상을 이야기했는데, 모두 우연이 아니었던 것입니다. 이는 중국 민간사회주의 운동의 흥기를 고찰할 때 반드시 그 국제적 배경, 즉 냉전 구조를 돌파하고 '제3의 길'을 추구하고자 했던 의미를 고려해야 함을 일깨워줍니다. 이는 전혀 새로운 시대적 특색을 띠는 사회주의 민주운동이었습니다.

중국의 대학생들은 스탈린 모델을 돌파해 새로운 사회주의 발전 모델을 탐색하면서, 당시 유고슬라비아의 노동자 자치 경험을 충분히 참조했습니다. 이 또한 우리가 이미 토론한 것입니다. 여기에서 내가 강조하고자 하는 바는 그들의 주요 계몽자가 역시 모택동이었다는 것입니다. 바로 모택동이 소련 공산당 20차 당대회에서 스탈린의 오류를 비판할 때, 먼저 '우리는 미국과 다르고 또 소련과도 다른 중국 국정(國情)에 적합한 자신의 발전 노선을 걸어야 한다'고 언급했습니다. 그래서 그는 반복해서 미신을 타파하고 사상을 해방할 것을 제기했고, "사회주의국가의 모든 것이 다 좋다고 미신해서는 안 된다"고 강조했습니다(『모택동 문집』 제7권 첫 번째 글의 제목). 일정한 의미에서 1957년 학원에서 사회주의를 성찰했던 대학생들은 모두 모택동에 의해 각성되었던 것입니다.

그리고 모택동이 아시아, 아프리카, 라틴아메리카 국가의 민족 혁명을 중시하고 크게 기대했던 것도 마땅히 주목해야 합니다. 그가 레닌의 '선진적인 아시아와 낙후한 유럽'이라는 논단을 다시 꺼내 든 것은 서방에 대한 미신을 타파해 동방 국가의 민족 자신감을 증강시키기 위한 것이었습니다(8대 2차 회의에서 모택동의 담화). 여기에서 비동맹운동에 대한 모택동의 지지가 결정되었습니다. 백원담 선생님이 특별히 중시하는 '반둥회의 모델'은 냉전 대립 구조와 다른 평화공존의 새로운 국제관계를 만들어낸 것이었고, 중국도 공헌했습니다. 이는 모두 무시할 수 없는 사실입니다.

그렇지만 이는 사실의 전부가 아닙니다. 이러한 측면의 사실에 근거해서 모택동이 1957년 중국 민간사회주의 사조와 운동의 추동자라고 여기는 것은 더욱 중요한 사실을 은폐할 뿐만 아니

171

라, 현실 정치 실천에서 재난을 가져올 것입니다. 이에 대해 나는 『모택동 시대와 포스트 모택동 시대 1949~2009』에서 이야기 했습니다. 1957년 사회민주주의를 추구한 대학생이 범한 가장 큰 '오류'는 바로 그들이 모택동을 자신들의 지지자이자 '전우'로 오해했던 것입니다. 맞습니다. 모택동은 사회주의를 새롭게 사고하도록 사람들을 격려했습니다. 그러나 성찰은 반드시 그가 허락한 범위 내여야 했습니다.

그는 소련 스탈린 모델을 비판하는 동시에 견지하는 측면도 있었습니다. 스탈린에 대한 부정이 '도를 넘었다'고 느꼈을 때 모택동은 '스탈린이라는 이 칼을 버릴 수 없다'고 강조했고, '칼'은 바로 프롤레타리아트 계급독재였습니다. 바로 제약과 감독을 받지 않는 당의 절대권력이었습니다. 그래서 모택동의 이른바 '또 다른 노선'은 중국 특색(주요하게는 그 개인의 특색)이 아무리 많더라도, 가장 기본적인 제도 측면은 여전히 스탈린의 일당 독재와 전체주의적 사회주의였습니다. 이런 의미에서 모택동의 '중국 노선'은 여전히 국제공산주의운동 속에서 레닌주의와 스탈린주의라는 흐름을 연속한 것이었습니다. 그래서 대학생들이 이 선을 넘어서서 민주사회주의를 주장했을 때, 모택동이 보기에 이는 '수정주의 노선'을 향하는 것이어서, 조금도 주저하지 않고, 또 아주 매정하게 그들을 하나하나 우파로 몰아갔던 것입니다.

민족독립운동과 비동맹운동에 대한 모택동의 지지 또한 다른 측면이 있습니다. 즉, 서방 세계에 반대하는 그의 전략적 목적에 복무하는 것입니다. 1970년대에 그가 '제3세계' 이론을 제출한 것 또한 소련과 미국이라는 초강대국에 반대하는 통일전선을 건립할 필요 때문이었습니다. 여기에는 확실히 하나의 중화중심주의적 꿈과 그 개인이 '세계혁명의 지도자'가 되고자 하는 꿈이 존재합니다. 당시 대학생들이 비동맹운동을 지지했지만, 제3세계 국가의 경험에서 사상 자원을 흡수하려는 생각을 못했다고 앞에서 말했는데, 이는 우연이 아니었습니다. 우리의 마음속에는 단지 중국 혁명의 경험과 모택동 사상만 있었고, 중국 모델을 어떻게 전 세계에 확산시킬 것인가 하는 고려뿐이었기 때문입니다. 오늘날 중국이 열광하는 민족주의와 국가주의가 계승하는 것 또한 이 전통입니다. 나중에 모택동은 미국과 동맹해 소련에 반대하는 통일전선을 세우고자 했는데, 역시 똑같이 매정하게 비동맹운동과 제3세계에 대한 지지를 포기했습니다. 이러한 사실은 똑같이 무시할 수 없는 것입니다.

　이는 연구방법상의 문제를 제기합니다. 반드시 중국 문제의 복잡성과 모택동 사상의 다면성을 충분히 고려해야 한다는 것입니다. 그래서 나는 "모든 사실을 대면해야 한다"고 제기했고, 다중적인 사실의 내재적 연계 속에서 복잡성을 파악하고자 했습니다. 우리는 절대 자신의 선험적 입장에서 사실을 선별해서는 안됩니다. 이는 아주 쉽게 편향적인 결론을 얻고 문제를 간단화해서, 중국 혁명과 사회주의 실험에서 진정한 경험적 교훈을 얻어낼 수 없습니다.

여기에 하나의 예가 있습니다. 즉, 내가 대답하고자 하는 두 번째 문제입니다. 백원담 선생님은 아시아 국가가 "인력 자본을 이용한 발전 노선"을 개척했으며, "서방 공업 문명의 비인간적 기술 중심"의 길과 다르다고 생각하는 일본 학자의 관점을 제시했습니다. 만약 이러한 시각에서 모택동 시대의 중국 경제를 고찰하면 확실히 아주 많은 사례로 이 논점을 지지할 수 있을 것입니다. 나는 『모택동 시대와 포스트 모택동 시대 1949~2009』에서 모택동 경제사상 가운데 매우 중요한 측면을 이야기했습니다. 즉, '인간 요인이 일체를 결정한다'고 강조한 측면입니다. 그래서 "생산관계의 개조, 특히 인간과 인간 사이에 새로운 형태의 관계를 세워 사회생산력을 발전시킨다"라는 건국 노선을 제출했고, "그의 대약진은 실질적으로 대중적인 정치, 사상, 사회운동을 통해서, 그리고 인간의 정신해방을 통해서 생산력의 발전을 촉진시키는 실험"이었습니다. 이러한 모택동의 경제사상은 당시 사람들이 통상적으로 모택동의 반대파 지식인이라고 생각했던 양수명(梁漱溟, 량수밍)에게 대대적인 칭찬을 받았습니다. 양수명은 모택동이 지도하는 대약진 실험의 경험을 두 가지로 개괄했습니다. 첫째, "집중된 지도와 통일된 규획"이고, 둘째, 대중의 적극성을 발휘해, "그 몸을 편안히 하여 그 마음을 고무한다".* 사실상 1958년 중국 경제는 확실히 큰 발전을 거두었습니다.**

그러나 또 다른 측면도 있습니다. 이 역시 모택동 사상의 특징입니다. 그는 늘 자신이 만들어낸 모종의 합리성을 띤 사상을 극단으로 밀어붙입니다. 예를 들어, 그는 '인간적 요인'을 극단으로 밀어붙이는데, 인간의 주관적 능동성의 작용을 극도로 과장해 '주의주의'로 변형시키고, "인간이 대담한 만큼, 땅은 더욱 많이 생산한다"라는 주관적인 유심론 사상으로 대약진을 지도해서 재난적인 후과를 초래했습니다. 다시 예를 들면, 그는 노동자의 역할과 지위를 무한히 확대해 "비천한 자가 가장 총명하고, 고귀한 자가 가장 우둔하다"는 명제를 제출했고, 나아가 "부르주아 계급 교수의 학문을 개떡같이 간주하고, 헛소리로 보아 무시하고, 경시하며, 멸시하자"라고 호소했습니다. 이러한 반엘리트, 반지식, 반전문가적 경향, '비전문가가 전문가를 지도한다'는 지도사상은 '일체의 규약과 제도를 파괴한다'는 등의 구체적 조치와 결합되

---

*   전리군, 『모택동 시대와 포스트 모택동 시대 1949~2009』(상), 180쪽.
**   같은 책, 268쪽.

어, 1958년 대약진은 과학적 법칙에 위배되는 대규모 망동(妄動)의 출현을 피할 수 없었던 것입니다.

한 연구자는 모택동 시대의 경제가 실제로 일종의 명령 경제(전면적으로 집중된 당과 정부의 지도와 행정명령)이자 운동 경제(대중운동의 방식으로 경제를 행한다)였으며, 조직력과 동원력이 매우 강력했기 때문에 일정 시기에 경제 발전, 심지어는 급속한 발전을 촉진할 수 있었지만, 동시에 필연적으로 극심한 파괴를 초래했다고 생각합니다. 그래서 이는 일종의 '파괴적 발전'이었던 것입니다. 1958년 대약진이 그랬습니다. 경제는 발전했지만 자원의 막대한 낭비, 생태계 균형의 대대적 파괴, 국민경제의 심각한 균형 상실, 농민에 대한 대대적 약탈을 초래했습니다. 문제는 이러한 '파괴적 발전'이 오늘까지 계속되고 있다는 것입니다. 이는 모택동이 남긴 유산입니다.

문제는 이 유산을 어떻게 바라보고 대해야 할 것인가입니다. 만약 경제 발전이라는 측면만 보면, 의식적·무의식적으로 그 파괴적 후과를 무시하거나 부인하고, 오히려 이를 가지고 모택동의 '중국 발전 노선'의 정확성('발전이 모든 것'이라는 경제결정론의 사유를 배경으로 한다)을 증명합니다. 중국 발전 노선을 인식하고 해석하면서 짝사랑하듯이 '인간 요소를 중시'하고 '대중 참여'라는 측면을 부각시키면, 의식적·무의식적으로 그 반지식 및 반문화의 측면, 객관적 법칙을 부정하는 '주의주의'와 '비천한 자가 가장 총명하고, 고귀한 자가 가장 우둔하다'는 논리 등의 측면을 은폐하게 됩니다. 이는 일종의 곡해를 낳습니다. 왜냐하면 이것은 사실상 모택동의 경제사상에서 나눌 수 없는 두 측면이기 때문입니다. 이 두 측면은 내재적 연계가 있기 때문에, 우리는 추상 계승법을 이용해서, 즉 필요나 이론적 가설에 따라 경향적이고 선택적인 독해를 해서는 안 됩니다.

그러나 우리는 모택동의 발전 노선이 초래한 엄중한 후과를 교정하려고 할 때, 다시 반대의 극단으로 나아가기도 합니다. 즉, 모택동의 경제사상 속에서 합리적인 부분을 '구정물'과 함께 내다 버려서 사물만 보고 사람은 보지 않으며, 과학기술중심론을 크게 펼치는 것도 노동자의 이익과 권리 및 적극성의 동원을 완전히 무시하는 것입니다. 그들을 그저 물질 생산의 도구로 보는 것도 또 다른 재난적 후과를 초래할 것입니다. 이는 사실 근래의 중국 경제 발전 노선이기도 합니다. 표면적으로는 경제의 급속한 발전을 이루어냈지만, 노동자에 대한 약탈(저인권)을 기초로 한 발전이었습니다. 이 또한 일종의 파괴적 발전이며, 여전히 자원과 환경을 크게 파괴합니다. 그것이 초래하는 양극화는 모택동 시대보다 더 심각합니다.

양극화는 물론 모택동 사상 속의 합리적 요인을 완전히 배척한 것과 관련되며, 대개 사람들이 다시 모택동 시대를 그리워하는 원인일 것입니다. 우리는 보통 민중의 향수가 이해할 수 있는 것이라고 이미 이야기했습니다. 그러나 역사 연구자로서 지식인은 이를 이유로 다시 모택동 시대와 그 사상을 이상화하는 극단으로 나아가서는 안 됩니다. 앞서 말한 것처럼, 모택동 시대의 경제 발전은 줄곧 농민에 대한 약탈을 대가로 한 것이었습니다. 모택동 시대는 일부 논자들이 이야기하듯 결코 평등 사회가 아니었습니다. 모택동은 이론과 선전에서는 노동자의 지위를 강조하지만, 부분적이고 제한적으로 실현할 수 있었을 뿐, 노동자 인민이 진정으로 국가의 주인이 되었음을 의미하지 않습니다. 모택동 시대에 일하는 사람의 지위, 특히 노동자[工人]의 지위는 확실히 지금보다 높았습니다만, 전체적으로 볼 때 주체적 지위를 점유한 것은 줄곧 당이었지, 힘써 찬송받았던 대중과 노동자가 결코 아니었습니다. 이는 모택동 시대의 기본 모순이자, 기본적인 사실입니다. 이 사실은 곡해하거나 부인할 수 없는 것입니다.

모택동 시대의 대중 참여 이야기가 나왔는데, 나는 내 경험을 말할 수도 있을 것 같습니다. 맞습니다. 모택동이 취한 대중 동원의 방식은 완전히 주변화된 많은 보통 민중을 역사의 발전 과정 속에서 휘말리게 하여, 전 인민적인 정치적 관심을 형성했습니다. 나는 귀주와 같은 변방 지역의 사회 기층에 있었는데, 모택동의 호소에 응해 '국가 대사에 관심'을 가졌습니다. 이러한 영향은 지금까지도 연속되고 있고, 거의 1950~1960년대 성장한 몇세대의 선명한 특징이 되었습니다. 모두들 정도는 다르지만 정치에 관심이 있고, 일정한 역사적 사명감과 현실 참여의 열정 및 습관이 있습니다. 이는 이후 몇 세대의 사람들과 다른 것입니다.

그러나 만약 이를 근거로 모택동 시대가 '대중 민주'였다고 찬송하면, 나는 고통스러운 기억을 떠올리게 됩니다. 왜냐하면 우리의 정치적 열정은 처음부터 모택동에 의해 대중적인 계급투쟁과 독재를 향했고, 우리는 거의 이리와 같이 모택동이 지정한 '적'을 향해 돌진해 전 인민의 대대적 상호 살육에 휩쓸렸기 때문입니다. 이러한 이용당하고 조롱당한 역사를 되돌아보면서, 마음속의 회한과 죄책감을 떨쳐낼 수 없습니다. 그리고 나의 가장 큰 고통은 스스로 점차 각성되고 독립적인 정치 요구와 주장이 생겨 모택동과 당이 허락하는 범위를 넘어서자, 오히려 즉각 현실 정치에 참여할 권력을 박탈당했다는 데 있습니다. 이렇게 해서 정치 이상만으로는 그것을 현실로 바꾸어낼 수 없는 하릴없음과 무력감에 빠졌습니다. 이 두 측면, 즉 이용과 금지는 모택동의 대중 정치 참여의 특징과 본질을 드러내줍니다. 이와 같은 상태는 지금까지 계속되고 있습니다. 우리는 늘 젊은이들이 현실과 정치에 관심이 없고 개인의 작은 세계에 침잠해 있다고 나무라는데, 내가 보기에 근본적인 원인은 우리의 체제가 젊은이와 보통 민중이 공공사무와 국가 정치에 자주적으로 참여할 권리를 박탈한 데 있습니다. 그래서 대중의 자주적인 참여권을 쟁취하기 위한 전제는 헌법이 규정한 언론·출판·결사·집회·행진의 자유입니다. 이것이 중국 대중의 정치 민주의 시급한 임무가 되어야 합니다. 이는 말할 필요도 없는 것이지요.

마지막으로 백원담 선생님이 주목한 '시인 모택동'이라는 문제에 대해 답변하겠습니다. 나는 나 자신이 모택동의 유혹을 완전히 벗어날 수 없었다고 말했습니다. 그 가운데 중요한 측면은 모택동의 사상과 정감 및 행위 방식 속에 스며들어 있는 시인의 기질입니다. 나를 매료시킨 것은 세 가지입니다. 첫째, 시인정치가, 군사전략가로서 말 타고 하늘을 날며 아무런 구속도 받지 않고 어떤 규칙에도 얽매이지 않는 모습의 정치적 및 군사적 상상력입니다. 나는 『모택동 시대와 포스트 모택동 시대 1949~2009』에서 1958년 모택동이 금문도(金門島, 진먼다오)를 공격할 때 제정한 "치면서 오르지 않고, 끊어놓되 죽이지 않으며 …… 치고 쉬고를 반복하고, 한때 크게 치고, 한때는 작게 친다. 게다가 사전에 통고한다"*라는 작전 방침이 인류의 전쟁 역사 속에서 처음

---

* 　전리군, 『모택동 시대와 포스트 모택동 시대 1949~2009』(상), 288쪽.

있었던 공격법이며, 보통 사람으로는 도저히 생각해낼 수 없는 것이라고 했습니다. 둘째, 그의 언어적 매력입니다. 어떤 연구에 따르면, "그의 언어와 행동은 세상 사람들을 깜짝 놀라게 하고, 전혀 예상 밖이며, 자주 불가사의한 화제를 제기"해, 매우 사람을 끈다고 했습니다. 셋째, 시인으로서의 놀라운 직관입니다. 특히 민족적 정감과 기층 민중의 정서와 심리를 민감하게 파악하고 이용하는 데 모택동은 그의 어떤 정치적 적수보다 분명히 훨씬 고명합니다. 이것이 그가 여러 투쟁에서 거듭 이긴 중요한 원인이며, 또한 늘 사람들로 하여금 신기한 느낌을 갖게 하는 것이기도 합니다.

그러나 나는 시시때때로 스스로에게 상기시킵니다. '이러한 시인적 방식으로 나라를 다스리는 시인 정치가가 일단 피안과 차안, 꿈과 현실, 시와 진실의 경계선을 무너뜨리면 매우 위험하다'고 말이지요. 만약에 견제와 감독을 받지 않는 절대권력과 결합할 경우 이는 재난을 가져옵니다. 모택동 시대가 그러했습니다. 모택동의 시는 정치적 동원력이었을 뿐만 아니라, 수많은 인민의 행동을 직접 지도해 사회적 실천으로 변화시켰습니다. 예를 들어, 1958년 모택동은 「송온신(送瘟神)」을 썼는데, "붉은 꽃비가 내려 마음 따라 출렁이고, 청산은 마음 따라 다리가 된다(紅雨隨心翻作浪, 靑山着意化爲橋)"라는 정감을 표현했고, 이는 시적인

5. 제3세계와 모택동 사상

상상으로 당연히 매우 낭만적인 것입니다. 그러나 대약진의 지도사상이 되자 인간의 주관 의지에 따라 마음대로 대자연을 조종하려다가, 결국 대자연의 보복을 겪고 대기근의 심연으로 떨어졌습니다. 모택동의 시에는 "1만 년은 너무 길다……"라는 말이 있습니다. 이는 당연히 역사와 생명에 대한 시인의 긴박감을 표현한 것입니다. 그러나 모택동은 기다리지 못하고 "모든 해충을 박멸하고 적을 남겨놓지 않는" 전면적인 계급투쟁의 정치를 실천해, 결국 문혁을 일으킵니다. 문혁 중에는 확실히 수많은 대중조직에 "투쟁은 하루 안에 있을 뿐이다", "모든 해충을 박멸"하며, "적이 없도록 하자"라는 이름 붙이기가 있었고, 결국 전 인민의 대대적 내전으로 치달았습니다. 이러한 낭만적인 시정(詩情)이 피비린내 나는 현실로 변화해 나타난 것은 아마 역사적으로 전례가 없을 것입니다. 이는 중요한 경고입니다. 우리가 모택동을 연구할 때, 그 텍스트(모택동의 글은 줄곧 대단한 매력을 가지고 있다)만을 봐서는 안 되며, 그 실천 형태를 더 주목해야 한다는 것입니다. 즉, 중국 현실 생활과 정치가 낳은 실제 영향과 실제 작용을 통해 텍스트 배후의 실제적 의의를 볼 수 있습니다. 그리고 실제적 작용과 의의는 또한 매우 복잡하고 다층적입니다. 이는 내가 거듭 모든 사실을 수집하고 대면하고자 하는 원인이기도 합니다.

6

『모택동 시대와 포스트 모택동 시대 1949~2009』에 대하여

전리군 마지막으로 나의 책『모택동 시대와 포스트 모택동 시대 1949~2009』에 대해서 자유롭게 이야기해보겠습니다.

나는 백승욱 선생님의 경고에 찬성합니다. 이 책이 우파에 이용되어 반공의 도구가 되는 것을 경계해야 합니다. 먼저 '반공'에 대해 말해봅시다. 나 자신은 중국 공산당이 지도한 혁명과 사회주의 경험, 그리고 현 체제를 신랄하게 비판해왔습니다. 이는 '노신 좌익'의 필연적 입장입니다. 그러나 나는 반공이 아닙니다. 나는 중국 혁명과 사회주의 실천을 신랄하게 비판하는 동시에 동정적 이해가 있기 때문입니다. 게다가 공산당을 비판하면서 반공이 아닌 나의 입장은 내 생활 경험과 삶의 체험에 의해 지탱되는 것입니다. 조희연 선생님이 말한 것처럼, 내 가족 중에는 공산당원도 있었고, 국민당원도 있었습니다. 내가 보기에 그들은 모두 우수한 지식인이었습니다. 이는 국민당과 공산당이 중국 역사의 서로 다른 시기에 당시의 가장 우수한 지식인을 흡수했다는 것을 말해줍니다. 아버지와 형들은 모두 자신의 이상을 품고 국민당이나 공산당을 선택했습니다. 이후에 그 안의 여러 모순을 발견하고 심각한 고통에 빠지기도 했습니다. 그러나 줄곧 자신의 신념을 지켰습니다. 자식과 동생으로서 나는 그들의 선택을 존중하고, 동시에 그들이 각각 총결해야 할 역사적 경험의 교훈이 있다고 생각합니다. 나는 이러한 느낌과 이해로써 역사를 연구했고, 연구 입장과 방법을 결정했습니다. 나는 이를 두 가지로 개괄합니다. 첫째, 연구 대상을 선택할 때 '동정적 이해'가 있어야 합니다. 둘째, '그 후과를 직시'해야 합니다. 그들의 선택이 초래한 문제를 회피하지 않고, 비판적으로 사고하고 총결합니다. 이 때문에 나는 중국 역사 속의 국민당과 공산당에 대한 태도가 복잡해졌고, 이해하며 비판하고, 긍정하며 부정하고, 함께 뒤얽히게 됩니다.

게다가 『모택동 시대와 포스트 모택동 시대 1949~2009』가 '이용되는' 문제의 경우, 사실 이러한 뒤얽힘·모호함이 이용을 숙명처럼 당하도록 거의 결정한 것입니다. 특히 작금의 중국 대륙에서 좌우파의 지식인은 중국의 현실과 역사에 대해 이미 자신의 고정된 생각과 선택이 있는데, 그들의 고정된 입장으로『모택동 시대와 포스트 모택동 시대 1949~2009』를 읽으면 아주 쉽게 '필요한 것만 취하게' 됩니다. 우파가 보는 것은 모택동의 전제주의에 대한 나의 비판과 그 엄중한 후과에 대한 폭로입니다. 좌파가 보는 것은 모택동의 내재적 모순, 중국 혁명과 사회주의 실험에 대한 동정적인 이해입니다. 이는 나의 뜻을 빼버리고 곡해하는 것이며, 나의 초심에도 위배되는 것입니다. 나는 이들 우파와 좌파 친구들을 설득하려고 하지 않았습니다.

그러나 나는 그들이『모택동 시대와 포스트 모택동 시대 1949~2009』에서 그들의 선험적인 입장이 가리는 어떤 사실을 볼 수 있고, 이로부터 자신의 인식을 상대적으로 복잡화할 수 있기를 희망했습니다. 집필 시에 정한 원칙은 '모든 사실을 대면하라'는 것이었고, 사실상 입장보다 더욱 중요했습니다. 그러나 작금의 중국은 '입장이 모든 것을 결정'하고 있고, 고정된 입장, 고정된 관점, 자기폐쇄적인 결론이 사상의 경직화를 초래하고 있습니다. 이미 서로 다른 관점과 시야 및 목소리를 수용할 수 없어, 거부하거나 아니면 '동화'시켜 자신의 고정된 사상체계 속에 두려고 합니다.『모택동 시대와 포스트 모택동 시대 1949~2009』의

처지도 이렇습니다.

　오히려 중국 혁명 역사와 현실에 대한 고정관념이 없고, 현재 탐구와 사고를 하고 있는 일부 젊은 독자들 속에서 지기(知己)를 만났습니다. 이 책은 중국 대륙에서 금서인데, 인터넷 등의 방법으로 일부 청년들 사이에서 유통되고 있습니다. 특별히 독서 모임을 결성해 진지하게 토론하는 경우도 있었습니다. 나는 운 좋게 북경대학 대학원생 일부가 쓴 평론을 보았습니다. 한 학생은 글 속에서 "역사성은 전리군의 세대에 자명한 사실인데, 우리 세대에게는 힘써 쟁취해야 할 자격이다. 우리는 역사 바깥에 있는데, 이는 우리에게 가장 직접적인 곤경이다"라고 말합니다. 이들 세대가 역사로 진입하는 통로는 두 가지가 있다고 합니다. 첫째, 제한적인 현실 경험을 통해 상상적으로 진입하는 것입니다. 이는 짝사랑 일변도의 정서화를 면하기 어렵습니다. 둘째, 이론이 구성해낸 역사성입니다. 먼저 이론을 습득하고 나서, 이 입장에서 출발해 역사 속으로 진입을 강행하는 것입니다. 이렇게 해서 쉽게 역사의 방향감을 획득하지만, 이로 인해 역사 자체의 복잡성은 은폐됩니다. 그 평론의 저자는 이와 같은 자기반성이 『모택동 시대와 포스트 모택동 시대 1949~2009』를 읽고 난 후 그가 얻은 가장 큰 수확이었다고 말합니다. 그들은 역사 자체의 복잡성·풍부성·구체성·모호성을 찾아내어 대면하는 데 힘써야 함을 의식하기 시작한 것입니다. 이는 내 마음에 꼭 드는 것입니다. "내가 더욱 중시하는 것은 이 책이 모택동과 모택동 시대 그리고 포스트 모택동 시대 연구에서 보여준 연구방법·구조·서술방법의 실험이고, 이 때문에 책의 제목을 '다르게 쓴 역사'라고 스스로 명명했으며", 중국 혁명과 건설의 역사를 인식하고 서술하는 또 다른 가능성을 토론하기를 시도하고자 희망했기 때문입니다.*

사실 모택동에 대한 나의 관찰·연구·서술은 잠재적이고 더욱 근본적으로 주목하는 지점이 있습니다. 나는 모택동을 단지 중국 사회의 전형적인 인물로 보지 않을 뿐 아니라, 모택동 자신이 체현하는 인성의 내재적 모순에 더 관심이 있습니다. 나는 모택동을 중국 역사에서 가장 강한 유토피아주의자·전제주의자였다고 개괄합니다. 이는 물론 사회적·역사적으로 심각성을 띱니다. 그러나 이는 동시에 인성의 두 측면을 드러냅니다. 인간 자신은 유토피아 콤플렉스가 있어서 먼 곳과 미래를 동경하고 상상합니다. 이러한 이상주의는 인간의 본성에서 유래하는 것입니다. 동시에 이상주의자에게서 자주 전제주의의 색채를 발견하게 됩니다. 이는 인성의 약점입니다. 세계문학에 이상주의자의 전

---

* 전리군, 『모택동 시대와 포스트 모택동 시대 1949~2009』(하), 512쪽.

형이 있습니다. 바로 스페인의 기사 돈키호테입니다. 돈키호테는 의심할 나위 없이 가장 뚜렷한 이상주의자이자 유토피아주의자입니다. 이는 그의 가장 큰 매력입니다. 그러나 연구자는 다른 개념을 제기했습니다. 즉, '전제주의적인 돈키호테'입니다. 돈키호테식의 열정은 사심 없이 배후에 일종의 전횡을 감추고 있습니다. 이는 숭고한 이상, 도덕적 추구와 목표를 달성하려는 수단의 전제(前提)로서 매우 통제하기 어려운 가공할 만한 역량을 갖고, 자주 재난적인 후과를 낳습니다. 그래서 '독재정치의 돈키호테'라는 개념이 나옵니다. 독재자 나폴레옹은 돈키호테의 숭배자였고, 모택동 역시 돈키호테식의 독재자였습니다.

더욱 경계해야 할 것은 나 자신을 포함해서 모든 사람이 이처럼 이상주의적이고 낭만주의적이면서 또 전제주의적인 인성 요인을 지니고 있다는 것입니다. 이상주의자는 아주 쉽게 자기 도덕의 숭고함을 느끼고, 스스로 진리를 장악하고 있다고 여기며, 다른 사람을 하찮게 봐서 거들떠보지도 않습니다. 이것이 극단으로 치달으면 자신과 생각이 다른 사람을 타격할 적으로 보게됩니다. 여기에는 일종의 전제주의가 숨겨져 있습니다. 이는 모택동 시대 중국의 비극입니다. 모택동이 발동한 거의 모든 운동은 시작할 시점에서는 합리성을 띠며, 나아가 이상주의적 색채를 갖습니다. 대약진은 "세계를 따라잡자, 낙후하면 매 맞는다"

라고 크게 외쳤는데, 이는 민족 정서에 매우 부합하는 것이었습니다. 문혁은 특권계급 문제를 해결하고자 했고, 역시 완전히 민의에 부합하는 것이었습니다. 그렇게 동원 능력이 클 수 있었고 매번 전 인민이 휘말렸던 것을 간단히 모두가 속아서 우롱당한 것이라고는 할 수 없는 것입니다. 어느 정도 그 속의 이상주의적 색채에 매료되었던 것이지요. 그러나 실천의 결과 최후에는 전제주의를 초래했고, 매우 심각한 후과를 낳았습니다. 이렇게 모택동 시대에 발생한 여러 차례의 이상주의에서 전제주의로의 전화라는 문제가 보여주는 역사적 교훈은 매우 연구할 만한 가치가 있습니다.

더욱 치명적인 것은 이러한 한 차례 한 차례 정치운동의 영향 속에서 인성 속의 전제주의적 잔혹성이란 요인이 모택동에 의해 새로운 중국 국민성으로 공들여 배양되었다는 것이고, 이러한 잔혹성은 자주 이상주의로 포장되어 "숭고한 목적을 위해 수단을 가리지 않는다"라고 미화됩니다. 거의 모든 중국인에게서 많고 적게 또는 은근하거나 분명하게 모택동의 그림자를 발견할 수 있습니다. 모두가 '작은 모택동'입니다. 내가 보기에 모택동의 가장 큰 문제는 중국 국민정신에 영향을 남긴 것입니다. 이러한 영향은 인성 자체에 근거가 있기에 심각성과 위험성이 더욱 큽니다. 나는 오늘날의 수많은 모택동 반대자에게서도 크고 작은

'모택동'을 발견합니다. 그들은 모택동의 사유 방식과 행위 방식으로 모택동에 반대하는데, 결과적으로 여전히 모택동 시대로부터 벗어나지 못하고 있다고 말할 수 있습니다.

　나의 이러한 관찰과 반성은 나 자신을 포함하는 것입니다. 『모택동 시대와 포스트 모택동 시대 1949~2009』가 발간된 이후 내가 받은 여러 평가 가운데 가장 마음에 드는 것은 나의 친구 황자평(黃子平, 황즈핑)이 쓴 평론입니다. 황자평은 두 가지를 이야기합니다.

　　전리군이 이 책을 쓰면서 취할 수 있는 서술 방식은 두 가지인데, 하나는 피해자의 입장에서 모든 것을 고발하는 것이고, 다른 하나는 순수한 학자의 객관적 시점을 선택해 냉정하게 모든 것을 서술하는 것이다. 이것은 작금의 통상적인 역사 서술 방식이기도 하다. 그러나 전리군은 자신을 집어넣으려고 한다. 모택동을 쓰는 과정은 일종의 자기 정리이자 자기 속죄의 과정이며, 이는 특별한 방식이고, 특수한 힘을 가지게 된다. 그러나 이러한 정리는 철저할 수 없다. 사람들은 전리군이 모택동을 비판하고 성찰할 때 사용하는 것이 여전히 모택동의 언어이자 사유 방식임을 어렵지 않게 발견할 수 있다. 그 저작은 여전히 짙은 이상주의, 낭만주의 및 영웅주의의 색채를 드러내고 있다.

이는 정곡을 찌르는 것입니다. 모택동은 이미 우리의 영혼 깊은 곳에 스며들어 있고, 모택동 및 모택동 시대로부터 빠져나오는 것은 매우 어려운 일이 됩니다. 이는 '중국의 난제'입니다. 솔직히 말해서, 내가 『모택동 시대와 포스트 모택동 시대 1949~2009』를 쓴 주요 동기이자 가장 큰 기대도 우리 민족과 한 사람 한 사람이 외재적인 모택동 체제와 사상에 대해 반성할 뿐만 아니라, 우리 마음속의 '모택동'에 대해서도 반성할 수 있게 되기를 희망한 것이었습니다. 내가 하려고 했던 것도 역사적이고 사회 정치적인 비판만이 아니라, 그 배후의 인성에 대한 추궁이었습니다. 그러나 이는 사람들에게 주목받거나 이해되기 매우 어려운 것입니다.

나는 백승욱 선생님의 의견에 완전히 동의합니다. 중국 경험을 총결하려면 그 보편성의 측면을 주목해야 합니다. 백승욱 선생님이 '한국 자체의 문제에서 출발해 중국의 역사와 현실을 대면하고, 위에서 아래를 내려다보는 비판이나 찬양의 태도를 취하지 않고, 자신을 집어넣고자 한다'고 했는데, 이는 매우 식견이 있는 것이라고 생각합니다. 백승욱 선생님은 한국이 직면한 정당 문제를 제기했습니다. 나는 이에 대해 전혀 아는 바가 없고 어떤 의견을 발표할 수도 없습니다. 그러나 나는 이를 통해 중국 공산당의 역사적 교훈을 생각하게 되었습니다. 처음에 중국 공산당은 분명히 자신의 신념과 정치적 이상 및 주장이 있는 혁명 정당이었습니다. 공산당에 참여하는 것은 자신의 정치적 이상을 실현하기 위한 것이었습니다. 거기에 당의 응집력이 있었던 것입니다. 정권을 잡은 초기에는 '어떠한 국가를 건립할 것인가'라는 정치 이상이 아직 있었던 것 같습니다. 그러나 일당 전제(이른바 '당 천하')의 체제하에서 권력은 신속하게 개인, 가족 및 집단의 이익으로 전화되었고, 당을 결집시킨 것은 이제 당의 정치 이상이 아니라 당의 집권 지위라는 공동 이익을 수호하는 것이 되었습니다. 집권이 유일한 목표가 되었고, '당의 지도'의 수호, 즉 권력 독점이 유일한 목표가 되었습니다. 이렇게 당은 신념과 이상을 지닌 정치 조직에서 기득 이익을 쟁취하고 수호하는 집단으로 변태했습니다. 이러한 당 성격의 변화가 마침내 당 부패의 가장 근본적인 원인이 됩니다.

문제는 이러한 정당 성격의 변태가 중국 공산당 일당의 문제만은 아니라는 점입니다. 나는 대만의 정당을 관찰했을 때에도 이 문제를 발견했습니다. 대만은 비록 민주화를 실현했고, 국민당과 민진당 사이에 본래 정치 이상 및 집권 이념 사이의 투쟁이 있었습니다만, 근래에 점차 옅어졌습니다. 집정 권력을 쟁취하고 수호하는 것이 두 당의 유일한 목표가 되었습니다. 선거 정치는 국가 정치의 중심이 되었고, '선거가 모든 것'이라는 신념이 양당의 지도부와 정치활동가를 정치꾼화시켰고, 선거는 정당과 국가의 대내외 정책을 휩쓸어버렸습니다. 이러한 정당 변태의 위기는 서방 국가에도 동일하게 존재합니다. 이렇게 보편성의 문제가 되었습니다. 이른바 독재 정치든, 민주 정치든, 모두 정당 변태에 직면했습니다. 이는 그 속에 은근히, 또는 또렷하게 드러나는 깊은 차원의 문제를 진지하게 탐구해야 하는 이유를 설명해줍니다.

백승욱 선생님은 문혁의 문제가 해결되지 않았고, 이 때문에 문혁은 중국에서 지나간 것이 아니라고 말했습니다. 이는 맞는 말입니다. 내가 책에서 문혁을 연구하고 토론한 것도 이러한 현실적인 위기감 때문입니다. 역사에 대한 서술은 늘 현실 문제가 동인이 됩니다. 그래서 '역사가 미래를 말하게 하라'는 표현이 생깁니다. 역사 속으로 들어가 현실 문제의 전체적인 전후 맥락을 추적해 문제를 해결하는 계시를 얻고자 하는 것입니다. 우리는 당시 매우 적극적으로 문혁에 참여했는데, 바로 중국에 특권계층이 출현했음을 보았기 때문이었습니다. 문혁의 방법으로 해결할 수 있기를 희망했습니다. 우리는 당시 이를 '프롤레타리아트 계급독재 조건하의 계속 혁명'이라고 불렀습니다. 그러나 최후에 실패했습니다. 특권계급의 문제는 더욱 심각해졌고, 오늘까지 발전해 수습할 수 없는 지경에 이르렀습니다.

그러나 현재 상황이 불만족스럽다고 역사를 이상화하고, 문혁 중의 '대민주'를 특권계층 문제를 해결한 성공적 경험이자 유일무이한 보배로 여기며, 과거로 돌아가 문혁의 방식을 다시 이용해 특권계층 문제를 해결하고자 할 수 있을까요? 당연히 불가능합니다. 사실 이른바 박희래 모델과 중경 경험은 모택동의 문혁 방식으로 부패와 양극화의 문제를 해결하고자 한 것입니다. 그의 '창홍타흑(唱紅打黑, 혁명 가요를 부르고 범죄를 소탕한다)'은 어떤 의미에서 한 차례의 '프롤레타리아트 계급독재 조건하의 계속 혁명'이었습니다. 세 가지 특징이 있습니다. 첫째, '프롤레타리아트 계급독재', 즉 제1서기 독재를 강조합니다. 고도로 집중되고 감독/제약을 받지 않는 개인 권력으로 양극화 문제를 해결하고자 합니다. 둘째, 법을 초월한 '무법천지'의 이른바 '대중독재'를 통해 그가 인지한 '흑사회(黑社會)' 세력을 타격합니다. 박희래는 처음에 원래의 공안, 검찰원 및 법원을 재조직하려고 했는데, 이는 문혁 시기의 '공(公)·검(檢)·법(法)을 박살낸다'는 것입니다. 셋째, 이데올로기적 주입과 사상 통제를 극도로 중시합니다. 박희래의 '창홍'과 문혁 시기의 '혁명 모범극 대대적 부르기'는 완전히 연원이 같습니다. 문혁의 경험이 없는 젊은이들은 아마도 박희래의 이러한 방식에 대해 매우 신선해서 문제를 해결할 수 있다고 느끼는 것 같습니다. 그래서 일정하게 여론의 지지를 얻게 되었고요.

그러나 우리 세대와 같이 문혁을 경험한 사람들이 보기에 이는 '옛 귀신이 다시 나타난 것'과 같고 매우 위험합니다. 이는 우리에게 역사의 교훈을 흡수하는 문제를 진지하게 제기합니다. 그 전제는 역사의 진실적 면모에 대해 정확하고 전면적으로 인식해야 하고, 우리의 주관적 상상과 필요 및 선험적 입장에 따라 역사를 치장해서는 안 된다는 것입니다.

우리가 앞서 토론한 문혁 중의 '대민주'와 같이, 문혁 초기의 특정한 역사적 조건에서 이는 확실히 사상을 해방시키고 대중을 움직이는 적극적 작용을 했습니다. 그러나 이는 역사적 사실의 한 측면에 불과합니다. 다른 측면의 무정한 사실은 '대민주'가 처음부터 제약이 아주 많았을 뿐만 아니라, 동원된 '조반파'가 '대민주'를 이용해 일당 전제의 기본 체제를 타격할 때 모택동이 '대민주'를 회수해갔고, 말 안 듣는 조반파에 대해서는 '프롤레타리아트 계급독재'를 실시했다는 것입니다. 이는 다시 특권계급의 통치를 강화한 것이었습니다.

우리가 '문혁이 실패했다'는 것은 바로 이와 같은 이치를 말하는 것입니다. 우리는 이 최후의 실패를 무시하고 그 역사적 작용을 과장해, '대민주'를 현재의 문제를 해결하는 처방전으로 삼아서는 절대 안 됩니다. 거꾸로 우리는 마땅히 '대민주'가 최후에 반대 면에 도달한 역사 경험의 교훈을 총결해서 오늘날의 거울로 삼아야 합니다. 나는 '당이 민주를 베푼다'(이것이 바로 '대민주'의 본질이다)를 거부하고 진정으로 운명을 자신의 손에 장악하는 것이 가장 중요하다고 봅니다. 법률을 초월한 이른바 '대중 민주'(이는 일종의 '포퓰리즘 정치'이고, 사실상 '대중독재'이다)를 거부해야 합니다. 그것은 아주 쉽게 야심가에 의해 이용됩니다.

이는 대중의 불만 정서가 이용되는 문제와 관련됩니다. 문혁을 통해 꼭 얻어야 할 역사적 교훈일 뿐만 아니라, 오늘날 중국에서 아주 큰 현실성을 띠기도 합니다. 나는 다음과 같이 개괄한 바 있습니다. "현재 중국 사회 각 계층은 위에서 아래까지 모두 극도의 불안감을 갖고 있다. 각 계층 사이에는 극도의 불신이 존재하기도 한다. 중국 전체가 원한과 분노의 기운 및 여기(戾氣, 사나운 기운)로 가득하다." 노신은 당시 중국 보통 사람에게는 쌓여 눌린 원한이 이미 너무 많아서, 한번 비이성적으로 폭발하면 그것은 진정한 권세자를 향하지 않고 보통 사람들을 향할 것이며, 서로 살육을 초래할 것이라고 말한 바 있습니다. 그래서 노신은 민중이 이성적으로 인도되어야 하고, 인내의 용기를 주입받아야 한다고 제기했습니다. 어떤 의미에서 문혁은 모택동이 각 계층 대중의 불만 정서를 이용하고 비이성적 인도(引導)를 여기에 더하여, 의견이 다른 사람을 제거하고 개인의 절대적 통치를 공고히 하려 한 목적에 다다르기 위해 전 민족의 전에 없는 대살육이라는 민족적 대비극과 역사적 대비극을 불러일으키는 것도 서슴지 않았던 것입니다.

실제로 오늘날 중국 각 계층의 불만은 문혁 시대를 크게 초과한 상태이고, 원한과 분노의 기운이 전국을 뒤덮고 있으며, 거의 일촉즉발의 상황에 달해 있습니다. 이러한 정세에서 가장 쉽게 출현하는 것이 세 종류의 사람입니다. 즉, 상층의 '작은 모택동'(정치 야심가), 중층의 '작은 조조(曹操)'(난세의 영웅), 하층의 '작은 우이(牛二)'(『수호전』의 인물로, 사회의 작은 건달)가 상중하로 호응해 천하를 크게 어지럽힙니다. 특히 인터넷 신기술이 제공하는 새로운 정치 수단, 형식 및 공간은 새로운 인터넷 정치를 형성하는데, 이러한 정치 야심가, 난세 영웅, 사회 건달(그들은 오늘날 중국의 사회 각계에서 활약하고 있다. 박희래는 '작은 모택동'이며, 처벌받았음에도 그의 영향력은 여전히 존재하고, 새로운 박희래를 낳고 있다)은 자신의 인터넷 영향력, 즉 인터넷 권력을 이용해 비이성적 지지자들을 미혹시키고, 사회를 동원해 소동을 일으키고 사회 동란을 불러옵니다.

그래서 우리가 오늘 여기에서 문혁 문제를 토론하는 것은 확실히 이론적 문제가 아닙니다. 이는 역사적 문제일 뿐만 아니라, 어떤 의미에서 더욱 현실적인 문제입니다. 백승욱 선생님이 중

6.『모택동 시대와 포스트 모택동 시대 1949~2009』에 대하여

국이 온건한 진보의 길을 걸으면서 문혁 식의 정치 동란을 방지하는 길을 가야 한다고 제기했는데, 확실히 오늘날 중국의 가장 큰 문제입니다. 게다가 주변 국가와 세계의 발전에 영향을 미치기도 할 것입니다. 문혁 시기에 중국은 폐쇄된 상태였고, 모택동은 동란을 국내에 통제해두었습니다. 그러나 지금 중국은 개방되었고, 중국의 발전은 세계와 긴밀하게 연결되어 있어서, 한번 동란이 발생하면 국경을 넘어설 것이고, 지역과 세계에 파괴적 여파를 미칠 것입니다. 이는 물론 여러분 모두가 보고 싶지 않은 국면일 것입니다.

그러나 중국이 온건한 진보의 길을 걷기 위해서는 반드시 하나의 전제조건이 있습니다. 바로 집정하고 있는 공산당이 개혁을 원하는 것입니다. 앞에서 우리가 이미 여러 번 토론했듯이, 중국은 진정한 언론·출판·결사·집회·행진의 자유가 없습니다. 목적은 중국 공산당의 '유일성'을 유지하고, 어떤 이질적 정치 세력의 존재와 발전을 허락하지 않는 데 있습니다. 이는 사실 현재 중국 정치의 최대 곤경입니다. 과거 국민당이 부패했을 때에는 공산당이 있어서 지식인과 민중이 국민당을 버리고 공산당을 선택할 수 있었습니다. 그것이 국민당이 빠르게 무너진 가장 중요한 원인이었습니다. 현재 공산당의 부패로 민심은 떠난 지 오래지만, 인민은 아무런 다른 선택지가 없고 대체할 만한 정치

세력을 찾을 수도 없어서, 그저 공산당의 자체 개혁에 희망을 걸 수밖에 없습니다. 만약 중국 공산당이 점진적으로 일당 전제의 정치체제를 바꾸고자 원한다면, 중국은 아마도 여러분 모두가 희망하는 온건하고 평화로운 개혁의 길을 걸을 수 있을 것입니다. 만약 공산당이 개혁을 원치 않고, 감독과 제약을 받지 않는 절대권력을 포기하려 하지 않는다면, 사회 모순은 나날이 격화될 것이고, 나중에는 수습이 불가능해져 앞서 말한 정치 야심가, 난세 영웅 및 사회 건달 들에게 사회 동란을 일으킬 기회를 주게될 것입니다. 현재 중국에서 '개혁'과 '동란'이 경주하고 있는데, 누가 마지막에 앞서느냐가 중국의 운명을 결정할 것이라고 이야기하는 사람도 있습니다. 이 역시 일리 있는 이야기입니다.

집담회 후기 _ 전리군

2012년 나는 운 좋게도 두 번 한국에 방문해, 한국의 학자들과 여러 차례 의견을 교환할 기회를 얻었다. 6월에 인하대학교의 중국학연구소와 한국학연구소가 주최한 '중국 사회주의 경험과 21세기'라는 학술 토론회 및 한국현대중국문학학회가 주최한 '당대 중국의 문제를 새롭게 읽다'라는 토론회에 참여했다. 9월에는 도서출판 한울에서 졸작의 출판을 기념해 개최한 집담회에 참여했다. 1993년 처음 한국에 방문한 후 지금까지 20년이 되었는데, 이 두 차례의 교류는 특히 신선한 느낌을 많이 주었다.

먼저, 내가 이전에는 한국의 현대문학계와 노신 연구계의 친구들과 접촉했던 것과 달리, 이번에는 옛 친구들과 다시 만나기도 했지만 많은 새로운 친구들을 사귀게 되었다. 거기에는 중국학, 한국학, 동아시아문제 등의 전문가 및 사회운동의 조직가 및 활동가가 포함되었다. 젊은 세대에 속하는 학술계의 새로운 역량들도 많았다. 나는 이에 매우 흥미를 느꼈다. 나는 중국에서 늘 청년 학자 및 사회운동 참여자와 밀접하게 연계하고 있는데, 이러한 학과를 초월한 교류는 내 안목을 넓혀줘서 많은 보람을 느낀다. 동시에 얼마간의 긴장감도 느꼈는데, 내 지식구조의 한계와 언어의 장애가 교류의 깊이와 넓이에 영향을 줬기 때문이다. 이에 대해 나는 매우 죄스럽고 불안하다.

이번 교류의 핵심은 '중국 사회주의 경험'과 '당대 중국'에 관한 것이었고, 이는 나에게 전혀 새로운 주제였다. 『모택동 시대와 포스트 모택동 시대 1949~2009: 다르게 쓴 역사』는 본래 중국(대만을 포함한) 독자들을 주요 대상으로 삼았고, 특히 중국 청년들과 대화와 교류를 기대했던 저작인데, 중국 대륙에서 이 책이 금서로 지정되어 여하한 토론의 가능성도 사라졌다. 지금 나는 오히려 한국에서 마음속 이야기를 할 기회를 얻게 된 것이고, 이는 하나의 위안이라고 할 수 있다. 그래서 한국의 친구들에게 진심으로 감사한다. 그러나 나는 내 마음 속의 무거움과 무기력을 감추고 싶지 않다.

나를 가장 감동시킨 것은 한국 친구들이 중국 문제를 자신의 문제로 삼아 사고하고 토론한 점이다. 내가 보기에 이는 지구화 시대가 만들어낸 새로운 문제, 새로운 시야, 새로운 입장이다. 즉, 어떤 국가의 문제도 국가 범위 내에서 관찰과 토론이 불가능하며, 중국의 문제

집담회 후기

는 당연히 곧 세계(우선은 인접국)의 문제가 되고, 세계의 문제(한국의 문제를 포함해)는 곧 중국의 문제가 된다는 것이다. 집담회에서 말한 것처럼, 우리는 지구적인 제도의 위기, 발전 모델의 위기, 문명의 위기에 직면했고, 동시에 이는 또한 하나의 전환기일 수도 있다. 사회적 관심이 있는 지식인라면 모두 고통스럽게 자신의 국가(중국, 한국 등)가 '어디로 갈 것인가'와 '세계는 어디로 갈 것인가'라는 문제를 사고하고 탐색한다.

몇몇 한국 친구들은 집담회에서 우리가 "서방의 민주주의 현실 형태를 '절대'로 간주하는 '과잉 보편주의'적 민주관"(조희연)을 원하지 않을 뿐 아니라, "전 지구적인 '신자유주의'와 '탈정치화' 및 '소비주의화'"(백승욱)에도 만족하지 않는 상태에서 전체주의적 사회주의의 갖가지 폐단을 분명하게 보면서, 그 출구가 어디에 있으며 우리는 어떻게 '대안적 상상'을 찾아낼 수 있을지를 이야기했다. 그래서 하나의 구상을 만들어냈다. "중국 사회주의 실천 속의 모종의 합리적 요인을 구해내어", "재구성을 통해 '사회주의적 민주주의'의 실험을 진행할 수 있지 않은가"(조희연). "중국과 동아시아의 굴기"는 "자본주의 발전 노선을 수정해", "대안적 가능성"을 창조해낼 수 있는가(백원담이 인용한 아리기의 관점). 이는 모두 매우 흥미롭고 중대한 의미가 있는 새로운 사고이며, 마땅히 심도 있는 토론을 해야 하는 것이다. 우리의 이번 좌담은 하나의 시작일 뿐이다.

물론 우리 사이에는 문제를 보는 시각차가 있어 인식상의 차이가 출현하기도 했다. 나는 한국 친구들이 스스로가 처한 자본주의 사회의 문제에서 출발해 외부에서 중국 혁명과 사회주의 실험을 보고, 그 폐단을 발견하더라도 오히려 참조점이 될 수 있는 밝은 면을 찾고자 노력하는 모습을 보았다. 나는 역사의 당사자로서 내부에서 보고 느낀 것에 어두운 면이 더 많았다. 역사적 교훈의 총결을 더 중시했다. 작금의 중국에 대한 관찰도 이러했다. 외국에서는 '중국 굴기'에 착목하는 친구들이 많지만, 우리는 '중국의 위기'를 더욱 깊이 느낀다. 이러한 차이의 발생은 정상적인 것이다. 바로 그렇기 때문에 교류를 통해 서로 교정하고 보완할 필요가 있는 것이다.

나는 집담회에서 토론하는 가운데 중국 역사와 현실에 대한 한국 친구들의 깊은 이해와 상대적으로, 한국과 동아시아 지역에 대한 나의 이해에는 심각한 결여가 있어 자주 놀랐다. 이것이 나의 연구에 초래하는 결함은 매우 분명한 것이다. 백원담 선생님이 말한 것처럼, 『모택동 시대와 포스트 모택동 시대 1949~2009』는 "'일국주의'의 맥락을 돌파"하지 못했다. 그래서 어떻게 "이를 아시아의 층위에 놓고, 그것이 아시아적 사상 자원이 되도록 할 것인가"의 문제가 제기되기도 했다. 이와 같은 의의에서 볼 때, 집담회에서 한국 친구들이 제기한 질의·보충·응용은 모두 내 저작의 결함에 대한 하나의 보충이라 할 수 있다. 이 모두에 대해 나는 깊이 감사하고, 또 매우 송구

스럽다.

　우리는 바로 이와 같이 서로 이해하고, 절차탁마하며, 또 서로 지지하는 '진정한 친구'이다. 이는 내가 가장 어려운 상황에 처했을 때 스스로 정한 '좌우명'을 상기해준다.

　"나는 존재한다. 나는 노력한다. 우리는 서로 부축한다. 그것으로 충분하다."

　모두에게 감사한다! 이 집담회에 참가한 친구들, 집담회를 정리하고 번역해 책으로 출판해준 친구들에게 감사한다.

　　　　　　　　　　　　　　　　2013년 8월 4일 급취(急就)함

전리군의 '다르게 쓴 역사'

연광석

■

■

■

■

■

이 글은 ≪人間思想≫, 第二期(2013)에 게재된

延光錫, 「錢理群的"另一種歷史書寫"」를

축약·번역한 것이다.

……나는 이 기회(대만 교통대학 사회문화연구소에서 "나와 공화국 그리고 공화국 60년"이라는 강의를 하게 됨)를 이용하여, 1984년 시작되어 15년간 준비한 모택동 연구에 대한 한번의 체계적인 정리를 했고, 책 한 권의 구조를 완성했다. 2010년 나는 다시 1년의 시간을 들여 보충 수정했고 수십만 자에 달하는 책을 완성하여, 결국 "나와 모택동의 관계"를 성찰하고자 하는 꿈을 이루었다. 이는 정말로 나의 만년의 가장 중요한 저작일 것이다. 이 책이 완성됨으로써 나의 이 일생도 어떤 여한이 없다.[1]

이 책은 공화국[중국—옮긴이]의 역사를 분석하고 구조화하면서, 두 가지 사상적 자원에 기대고 있다. 즉, 중국 사회와 국민성에 대한 노신의 분석과 체제에 대한 민간사상가의 비판이 그것이다. 이는 당연히 수년간 내 연구의 집적이며, 이러한 의미에서 이 책의 집필은 나의 학술 연구의 집대성이라 할 수 있다.[2]

2012년 1월 대만에서 출판되고 같은 해 가을에 한국에서 번역되어 출판된 『모택동 시대와 포스트 모택동 시대 1949~2009: 다르게

---

1 錢理群, 『倖存者言』(上海: 復旦大學出版社, 2011), p. 207.

2 전리군, 『모택동 시대와 포스트 모택동 시대 1949~2009: 다르게 쓴 역사』 (상), 연광석 옮김(한울, 2012), 5쪽.

쓴 역사』는 저자가 "여한이 없다" 할 만큼 스스로 커다란 의미를 부여하기도 했고, 한글판 서문에서 말한 것처럼 저자의 "학술 연구의 집대성"으로 간주된다. 그러나 이 저작은 단지 저자 자신에게만 특별한 의미를 갖는 것이 아니라, 중국과 관련한 현재까지의 이론적이고 학술적인 논의와 관련해서도 중요하다. 그 이유는 첫째, 저자가 중국의 '뿌리'를 강조하는 중국의 역사와 현실에 내재하는 사상적 작업을 견지해왔기 때문이며, 둘째, 동시에 그 내부로부터 매우 '체제' 비판적인 입장을 견지해왔기 때문이기도 하다. 간단히 종합하면 저자의 '내재적 비판성'으로 인해 이 저작의 의미는 더욱 각별한 것이다. 필자는 중국어로 74만 자에 달하는 이 두꺼운 책의 의의를 가늠하기 위한 출발점으로서 전리군이 스스로 이 저작에 부여한 '집대성'의 의미가 무엇인지를 파악하고자 한다. 특히 이는 이 글에서 해명하고자 하는 '다르게 쓴 역사'의 함의를 분명하게 해줄 수 있는 것이기도 하다.

전리군이 말하는 집대성은 두 가지 사상에 기대고 있다. 바로 '노신'과 '민간사상'이다. 좀 더 구체적으로, '집대성'은 그 자신의 시기 구분에 따르면 '주씨 형제[노신(본명은 周樹人)과 주작인(周作人)]'에 대한 학술 연구에 집중하는 시기(1978~1989년)와 지식인 정신사 및 민간사상사를 연구한 이후 시기의 종합이라고 할 수 있다. 1990년 이후 진행된 이 연구의 동기는 1989년의 역사적 사건과 직접적으로 관런된다. 그래서 그는 학술 체제 내에서 학자로서 살아가는 삶의 한계를 직시하고, 스스로 노신을 따라 학자와 정신계 전사를 통합하는 삶을 추구하게 된다. 전리군은 1990년대 이후 자신의 사상 작업 전환의 중요한 배경으로 바로 '두 무덤', 즉 '문혁'과 '6·4천안문사건'을 직접 언급한 바 있다.[3] 6·4는 직접적 자극이 되었고, 이와 연동된 문혁의 기억은 이 자극으로부터 '20세기 중국 경험'에 대한 '과학적' 정리로 나아가도록 정향(定向) 했다.[4] 한편, 전리군은 1980년대 중국의 학술계에서 스스로를 일종의 '역사적 중간물'로 간주했고, 역사적 연구를 할 수 있는 조건인 '역사감'을 갖춘 얼마 되지 않는 지식인으로서 책임감과 사명감을 느꼈던 것 같다.[5] 그리하여 1990년대 이후 지식인 정신사 연구를 진행해 『1948: 천지현황』, 『나의 정신 자서전』이 완성되었고, 민간사상사 연구를 진행해 『망각을 거부하라: 1957년학 연구 기록』이 완성되었다. 전자에 두 권이 추가될 예정이고, 후자에 한 권이 추가되어 각각 3부작으로 완성될 예정이다.[6] 『모택동 시대

---

3   錢理群, 『我的回顧與反思–在北大的最後一門課』(台北: 行人出版社, 2008), p. 34.
4   연구는 '문혁'과 '6·4'로 직접 나아가기보다는 오히려 문혁과 6·4라는 비극의 깊은 뿌리가 되었던 17년 체제, 즉 57체제의 성립으로 먼저 나아간다. 문혁과 6·4는 그러한 뿌리에 대한 심층적 연구가 진행된 이후에 본격적으로 논의되고 있다.
5   같은 책, p. 92. 『모택동 시대와 포스트 모택동 시대 1949~2009』에서 전리군은 스스로를 '조금 과장해서 모택동 시대의 마지막 지식인'이라고 할 수 있다고 말한다. 전리군, 『모택동 시대와 포스트 모택동 시대 1949~2009』(상), 22쪽.

와 포스트 모택동 시대 1949~2009』의 내용 구성을 보면, 이러한 1990년대 이후의 민간사상사 및 지식인 정신사 연구가 유기적으로 재구성된 것임을 어렵지 않게 알 수 있다. 물론 노신과 주작인에 대한 연구는 이러한 민간사상사와 지식인 정신사의 전제이다. 따라서 '주씨 형제' 연구를 바탕으로 하고, 6·4를 계기로 하여 새롭게 진행된 1990년대 이후의 연구가 현재『모택동 시대와 포스트 모택동 시대 1949~2009』로 '집대성'된 것이라 할 수 있다. 이 '집대성'은 어떤 방식으로 진행되었는가? 우리는 먼저 전리군이 제시하는 역사 서술의 공간을 주목해볼 수 있을 것이다. 전리군은『모택동 시대와 포스트 모택동 시대 1949~2009』 머리말에서 다음과 같이 자신의 구상을 이야기한다.

저는 세 층의 이야기 공간을 만들어보려고 시도할 것입니다. 상층은 모택동의 공간이고, 중간층은 지식인의 공간이며, 아래층은 저와 민간사상가, 보통 민중의 공간입니다. 이 세 층 사이의 상호작용을 가지고 그간의 역사를 이야기하고자 합니다.[7]

---

6   錢理群,『夢話錄』(桂林: 漓江出版社, 2012), p. 195.
7   전리군,『모택동 시대와 포스트 모택동 시대 1949~2009』(상), 37쪽.

전리군의 '다르게 쓴 역사'

우리는 여기에서 아주 흥미로운 설정을 발견할 수 있다. 전리군은 분명 중국 대륙을 대표하는 지식인이자 사상가이다. 그런데 그는 자신의 역사 서술의 공간 구상을 제시하면서 스스로를 중간층인 지식인이 아니라 기층에 위치시키며, 민간사상가와 보통 민중 쪽에 자신을 둔다. 동시에 민간사상가 역시 분명 지식인임에도 중간층인 지식인과 다시 구별되어 기층에 위치한다.

바로 여기에서 '다르게 쓴 역사'와 일반적 역사 서술의 차별성이 드러난다. 이러한 서술 전략은 전리군이 '역사'를 다루는 방식과 관련된다. 자신을 기층에 위치시키는 것은 기본적으로 역사 서술 속에 '자신'이라는 '개체'이자 '주체'를 집어넣는 것이고, 이는 이론적으로 일반화된 역사 인식을 제시하는 것이 아니라 주관적이고 체험적이지만 일정한 전형성을 띠는 역사를 문학적으로 서술하려는 것을 의미한다. 민간사상가가 기층에 놓이는 이유는 바로 '민간'이 갖는 기존의 이론화된 구조적 인식에 대한 외부성 때문이다. 여기에서 두 종류의 다른 '지식'이 구분된다는 것도 알 수 있다. 이는 이후 논의될 '문학성'과 밀접하게 연관된다. 그래서 이러한 역사 서술은 일정하게 이론적 역사와 거리를 두는 것으로 이해될 수 있고, 어떤 의미에서 이를 '문학적 역사'라고 이해할 수도 있다. 그렇지만 이 책의 역사 서술 자체가 순수한 문학적 역사 서술인 것만은 아니라는 데 복잡성이 있다. 왜냐하면 이 저작에는 문학적 서술도 있지만 학술적·이론적 분석도 상당한 분량을 차지하기 때문이다. 게다가 이 학술적이고 이론적인 분석 역시 기존의 주류 담론과 갈등적이다. 이러한 분석은 분명 '지식인' 전리군이 취하는 것이지만, 이 저작에서 지식인 '전리군'은 '주체'로서 등장하지 않으며 다소간 이론 뒤에 '숨겨진' 형태로 존재한다. 그렇지만 그가 제시하는 분석틀과 관점은 지식인 전리군의 비판적 인식이 추상화된 형태임이 분명하다. 이 복잡성은 또한 '모택동'이라는 이 저작 전반의 주제와도 관련된다. 모택동 자체가 바로 이론과 실천이 결합된 하나의 전형이라고 할 수 있고, 그 복잡성과 모순을 드러내기 가장 좋은 매개이기도 하기 때문이다. 따라서 형식적 측면에서 볼 때, 모택동의 모순은 동시에 전리군의 모순이기도 하다. 그렇지만 전리군은 모택동의 모순을 분석함으로써 한 단계 승화된 모순을 보여준다.

　이 글은 '다르게 쓴 역사'의 함의를 이와 같은 전리군의 '모순'과 '복잡성'이 어떻게 표현되고 구조화되는지 분석해 파악하고자 한다. 이는 한편으로 기존에 전리군이 전개해온 연구 작업에 대한 일정한 분석을 요구하고, 다른 한편으로 그것이 이 저작에 어떤 식으로 '집대성'되었는지 파악할 것을 요구한다.

1. 역사를 다루는 두 가지 방식: 학술(이론)과 문학(실천)

전리군은 역사를 다루는 방식을 여러 저작에서 언급해왔는데, 여기에서는 비교적 최근의 정리된 관점을 소개해본다. 먼저 그는 『몽화록』에서 문학의 우위를 '사람', 즉 '보통 사람'과 '개체적인 사람', 나아가 그들의 '영혼세계'에 주목하는 것이며, 역사의 세부(일상생활), 역사의 '구체성', '개별성', '우연성'에 주목하는 것이라고 언급한 바있다.[8] 한편 『모택동 시대와 포스트 모택동 시대 1949~2009』의 「후기」에서 전리군은 더욱 명확하게 '문학성'을 정의한다.

이른바 '문학성'이라는 것은 주요하게 두 가지 측면이 있는데, 그하나는 역사적 세부에 주의하는 감성적 현현이며, 다른 하나는 역사적 인물(우선적으로 모택동)의 내면세계(정감, 심리, 내재적 모순)에 주의하는 표현과 분석이다. 다시 말해 역사에 대한 주의는 먼저 사람에 대한 관심, 개체적 인간에 대한 관심, 인간의 영혼에 대한 관심이다. 나는 이 모두 문학이 세계를 돌보는 방식이라고 생각하며, 현재 나는 역사에 대한 돌봄에 이를 운용하고 싶어진 것이다.[9]

8　錢理群, 『夢話錄』, p. 186.
9　전리군, 『모택동 시대와 포스트 모택동 시대 1949~2009』(하), 510~511쪽.

여기에서 일상은 역사 과정 속에서 거대담론(또는 경직된 이론적 구조)으로 포착되지 않는 영역을 의미한다고 할 수 있고, 그런 의미에서 구조 자체에 대해 비판적이고 해체적인 역할을 맡을 수 있는 가능성의 공간이라고 할 수 있다. 다른 한편 '내면'은 사회 재생산의 두 측면이라 할 수 있는 '물질'과 '정신'(마르크스주의적 표현으로는 '경제'와 '이데올로기')에서 '정신'의 측면을 강조하는 것이라 할 수 있다. 이는 '물질적 조건'의 재생산 구조에 필연적으로 참여하는 구조적 내부인 '정신', 즉 주체의 재생산 측면에 주목하는 것이다. 역사 속에서 '정신'의 재생산은 시종일관 위태롭고, 갈등과 모순으로 충만하다. 이러한 측면에 대한 구체적 연구 작업의 결과물로서 제출된 것이 '민간사상사'와 '지식인 정신사'라고 할 수 있다.[10] 여기에서 '민간'은 앞서 말한 문학성이 포착하는 '일상'적 공간에 근접하며, '지식인 정신사' 역시 문학성이 포착하는 역사적 전형성을 띠는 인물의 '내면'과 '정감'의 측면에 대한 탐색을 의미한다. 이렇게 문학성에 근거해 포착된 새로운 역사의 공간과 주체에 대한 서술은 그 자체로 기존의 주류 역사 서술과 형식 및 내용에서 모두 차별성을 띠고, 나아가 현실의 '체제'에 대해 비판적이기도 하다. 이러한 비판성은 '문학성'에 의해서 정초된다는 의미에서, 전리군이 문학성을 기반으로 역사를 통해서 도

---

10   錢理群, 『夢話錄』, p. 195.

출하는 정치적 비판성을 '문학정치론'의 관점이라고 부를 수도 있을 것이다.

그런데 다르게 쓴 역사는 이러한 문학적 역사 서술이라는 기본적인 설정을 취하지만, 그 안에 학술적 또는 이론적 역사 서술도 포함하고 있다. 어떤 의미에서 두 가지 방식의 역사 서술이 특정한 방식으로 결합되었다고 볼 수 있다. 다시 말해서, 그는 저작 속에서 기존의 학술 및 이론적 논의(사회과학적 분석)를 대폭 수용하기도 하고, 자신의 이론적 성과(예를 들어 '57년학')를 밑바탕으로 삼기도 한다. 그렇지만 동시에 이를 '문학'적인 개체성의 장역(場域)과 결합시키고, 그 안에 위치시킨다. 이러한 시도는 바로 앞서 언급한 바와 같이, 1990년대 이후 전리군이 스스로 추구하는 학자와 정신계 전사의 결합을 구체적으로 실현한 것이다. 물론 강조점은 후자에 찍혀 있다. 따라서 이러한 역사 서술은 역사의 이론화라기보다는 역사의 '문학화'에 가깝다고 할 수 있다. 우리는 이를 '사상'의 추구라고 부를 수도 있고, 바로 전리군이 견지하는 '교육'과 '계몽'의 실천이라고 할 수도 있다. 이러한 특이성 때문에 우리는 이 저작을 논의하는 방식에 주의를 기울여야 한다. 이론적 방식으로 이 저작을 논의한다면 저자의 의도와 저작의 효과 모두 파악할 수 없을 것이다. 마치 문학작품을 사회과학적 개념과 이론으로 분석하는 것과 같은 오류를 범해서는 안 될 것이다. 따라서 우리는 이 저작을 마주하면서, 우선 '체험'할 필요가 있고,

그런 후 이론적 논의를 포함해 더욱 확장된 장역에서 토론을 진행해야 한다. 이 장역에는 실천/비판, 나아가 계몽/교육을 통한 대중의 주체화 문제까지 포함될 것이다. 필자가 보기에는 바로 이러한 측면이 이 저작에 대한 우리의 곤혹감을 배가하는 것 같다.

따라서 이렇게 '다르게 쓴' 역사는 하나의 문학적 실천이 된다. 이는 얼핏 보기에 일반적으로 이해되는 이론적 작업과 거리가 있는 것으로 보인다. 흥미로운 것은 이러한 작업이 교육을 통한 '지식'의 공유, 즉 '계몽'을 매개로 '주체'의 형성을 시도한다는 점에서 오히려 더욱 강하게 인식론적 혁신의 입장을 취한다는 점이다. 전리군은 기존의 인식론적 한계를 철저하게 비판한다. 그 비판의 대상에는 계급론/인성론, 포퓰리즘(반지성주의)/대리주의(엘리트주의), 민족주의/서구현대화, 신좌파/자유주의, 학술지상/정치지상 등의 '이원적 대립'이 포함된다. 전리군은 이러한 이원적 대립쌍이 공히 맹목적인 그 자체의 조건(모종의 역사적 '망각')을 문제화한다. 역사적 '망각'이 초래한 이러한 맹목적 이원 대립의 실질적 효과는 '대중독재'이며, 인간으로 하여금 '악'을 유발시켜 다투도록 하고, 궁극적으로 권력자의 체제가 유지되도록 하는 것이다. 전리군의 사상을 집약하는 모토로 제시되는 '망각을 거부하라'는 이러한 관점을 잘 표현해준다.

아울러 전리군은 교육과 계몽에 기반을 둔 인식론을 바탕으로 존재론(주체형성의 가능성)과 윤리학(선의 발양)을 전개한다.[11] 교육을

전리군의 '다르게 쓴 역사'

통한 '선'의 발양이라는 관점은 그가 두 가지 종류의 지식을 구분하는 것과 관련된다. 어떤 지식은 기존의 사회를 재생산하는 데 복무하는 '이데올로기'로서 그의 구조분석과 비판의 대상이 되고, 어떤 지식은 '문학성'에 기반을 둔 것으로 기존의 '이데올로기'가 재생산하는 주체와 다른 변혁적 주체를 형성하는 자원이 된다. 게다가 후자는 전리군의 교육과 계몽의 실천과 결합된다. 이는 물론 앞서 그가 설정한 역사 서술의 공간에서 볼 수 있는 두 가지 유형의 지식(인)과도 같은 맥락에서 이해될 수 있다. 이러한 문학·지식·주체와 관련되는 철학 및 사상적 모델은 독특한 역사적 경험을 바탕으로 형성된 것으로 더욱 심화된 논의를 필요로 한다.

2. 사회 속의 개체성과 세계 속의 민족성12: '자유'와 '평등'의 변증법

한편 전리군이 추구하고 시도하는 학술과 문학의 유기적 결합, 학자와 정신계 전사의 통합은 이중적 주체의 변증법을 내포한다. 전리

---

11 錢理群, 『我的回顧與反思—在北大的最後一門課』, p. 199.
12 여기에서 필자는 '민족(民族)'을 탈식민적(de-colonial) 개별적 특수성이 있는 공동체를 표상하는 것으로 제시한다. 이는 영어의 'nation'이나 'ethnic'으로 환원되지 않는 역사적 함의를 내포하는데, 적어도 동아시아의 한자문화권에서는 '국민(國民)'과 갈등적인 대안적 공동체로서 '민족'이 제시된 바 있다.

군은 학술과 문학 모두 본질적으로 개체로부터 출발한다는 관점을 지닌다. 그러나 전리군은 학술 장역과 문학 장역을 구분한다.[13] 따라서 이중적 개체/주체가 제시된다고 할 수 있다. 흥미로운 것은 이 두 개체성이 앞서 언급한 '인식론'적 혁신에 기반을 두면서 어떤 선험적 개체성(예를 들어, 자유주의적 인간주의 또는 국가주의적 민족주의)으로 빠지지 않으며, 오히려 모종의 관계적 개체성의 변증법적 특징을 띤다는 점이다. 필자는 여기에서 전리군이 '양가성' 속에서 모호하게 처리하는 '민족' 개념을 역사적으로 재전유해 다시 전리군의 사상적 특징을 해석하는 데 원용하고자 한다.[14] 이 글은 전리군의 학술과 문학에 대한 사유에 민족이라는 세계 속의 개체 개별성과 이를 바탕으로 전개되는 사회적 개체성이 녹아들어 있다고 보는 입장을 취한다. 말하자면, 전리군의 사상체계 내에서 학술적 개체성은 세계 속의 '민족' 주체와 관련되고, 문학적 주체성은 사회 속의 '개별' 주체와 관련된다. '역사'를 돌보는 두 가지 방식으로서 제기된 학술과 문학은 이와 같이 다시 주체화의 양식으로 번역된다. 이는 나아가 가치 입장으로 재번역되어 '자유'와 '평등'의 함의를 새롭게 제시하기도 한다.

---

13 錢理群, 『夢話錄』, p. 185.
14 이 논의는 기본적으로 延光錫, 「朴玄埰先生的思想特徵: 以"民族民衆論"爲中心 (박현채 선생의 사상적 특징: '민족민중론'을 중심으로)」, ≪區域: 亞洲硏究論叢≫(2012年, 第二集)에 근거하고 있다.

이와 같은 전리군의 사유는 노신으로부터 계승된다. 먼저 '사상가'와 '문학가'의 통일에 대한 설명을 들어보자.

마지막으로 우리가 소홀히 할 수 없는 것은 노신의 몸에 체현된 사상가와 문학가의 통일이다. 다시 말해서, "노신은 논리적 범주로 사상을 표현하는 사상가가 아니며, 다수의 상황에서 그의 사상은 개념적 체계에 호소하기보다는 비이성적인 문학적 기호와 잡문체의 기쁨, 웃음, 분노, 욕 등으로 나타난다". 게다가 단지 문학화된 표현뿐만 아니라, 문학화된 사유를 더욱 포함한다. 노신이 주목한 것은 줄곧 인간의 정신 현상이었다. 모든 사상적 탐구와 곤혹은 그에게서 모두 개체 생명의 생존과 정신적 곤경의 체험으로 전화될 것이었고, "바로 생명철학이 노신이 동시대 다른 중국 사상가와 구별되는 독특한 지점을 구성하는 중요한 측면이었다". 그리고 "문학화된 형상, 의념, 언어는 노신 철학이 주목하는 인류 정신 현상, 영혼 세계에 총체성과 모호성, 다의성을 부여했고, 본래의 복잡성과 풍부성을 돌려주었다. 이렇게 노신이 탐구하고자 한 정신 본체의 특질과 외재적 문학 기호 사이에 일종의 조화와 통일을 이루었다". 아주 많은 사람들이 노신 사상과 그것이 표현하는 "풍요로운 모호성"의 특징에 주의했는데, 이를 노신의 한계로 보는 것은 안타깝게도 잘못 알고 있는 것이다.[15]

전리군이 추구하는 지식인은 노신과 같이 이론적 지식(사상)과 문학적 비판이 유기적으로 결합된 형상을 띤다. 이론적 지식은 추상화와 일반화를 거쳐 보편적 지식으로 나아가고, 문학적 비판은 이론적 지식을 전제로 하되 역사의 개체성/고유성으로부터 문학적 비판성을 끌어내어 실천에 참여하는 감성적 상호작용을 실현한다. 노신은 바로 '문학화된 사유'로 사상 작업을 하는 비판적 지식인이었다. 문학 안에 사상이 녹아드는 방식이다. 전리군의 『모택동 시대와 포스트 모택동 시대 1949~2009』도 마찬가지로 이 두 가지가 결합되어 있다. 여기에서 이론적 개념과 인식은 보편적인 것을 지향하지만, 공동체의 구조와 조건의 고유성에서 출발해서 일종의 '민족'적 지식을 제공해주는 것이며, 이를 바탕으로 세계적 보편성에 참여할 수 있는 개별성을 구축할 수 있다.

　　한편 문학적 비판은 비판적 실천을 지향하며, 공동체의 민족적 조건에 대한 이론적 인식을 전제로 하되, 그 내부적 긴장과 모순, 즉 '정치'를 체현하는 개체성에 대한 서술과 묘사로 사회적 존재로서 민족 내부의 개별성을 구축한다. 이는 문학을 매개로 한 '정치성'의 도출이라고 할 수 있다. 이 정치성은 '개체성'이라는 현대적 인간/시민

15　錢理群, 「魯迅與中國現代思想文化」, 『思想』, 第三期, p. 25. 錢理群·王乾坤, 「作爲思想家的魯迅(사상가로서의 노신)」에서 인용.

　　　　　　　　　　　　　　　　전리군의 '다르게 쓴 역사'

의 권리를 바탕으로 주장되며, 그 내용은 '평등'을 지향하는 '자유로운 주체'로서의 개인이다. 따라서 이는 이론/학술적 지식(또는 '민족적 지식')에 비해서 보편적이다. 전리군이 주장하는 보편적 가치는 여기에 근거하는 것이다. 그러나 이러한 주체의 보편적 권리는 개별 민족의 조건을 바탕으로 해야만 구체성을 띨 수 있다. 또한 정치성 역시 민족 내부의 모순을 체현하는 개체에 대한 문학적 묘사를 통해서 비판성을 확보할 수 있다. 이러한 의미에서 전리군의 '정치성'은 문학적 정치성이다. 여기에 문학성을 통한 사회적 존재로서의 인간의 개별성과, 이론/학술을 통한 세계적 존재로서의 민족 개별성의 변증법이 내재한다. 이는 달리 표현하면 개인과 민족, 사회와 세계 사이의 변증법이라 할 수 있다.

이와 같이 '주체'를 사유하는 두 양식은 '평등'과 '자유'라는 가치를 내포한다. 이 역시 노신에게서 계승되는 입장이다. 전리군에 따르면, 노신은 자유와 평등 사이에서 그 둘의 본질적 '동일성'을 수호하고자 했다. 평등 없는 자유와 자유 없는 평등 사이에서 몸부림쳤던 것이다.[16] 전리군이 역사의 학술화보다 역사의 문학화를 지향하는 것은 바로 문학성에 있는 교육적이고 계몽적인 성격 때문이며, 나아가 인간의 주체성이 궁극적으로 '교육'을 매개로 한 자기해방을 통해

16　錢理群, 「魯迅與中國現代思想文化」, p. 20.

서만 가능하다는 전제 때문이다. 이 역시 노신의 '입인(立人)' 사상을 계승하는 것이다. 그리고 '입인' 사상의 핵심은 바로 '인간 개체 정신의 자유'를 추구하는 것이다. 레닌의 말처럼 '이론' 없이 '혁명'이 불가능한데, 노신을 따라 전리군은 여기에 덧붙여 '주체(성)' 없는 '이론' 역시 무능하다고 말하는 것이다. 그래서 전리군의 사상 체계에서는 자기해방 차원에서 불가결한 '자유'가 그 조건인 '평등'보다 더욱 강조된다. 다시 말해, '자유'는 새로운 '평등'을 실현하고, 실현된 '평등'은 새로운 '자유'의 조건이 된다. 따라서 '부자유'는 '불평등'에 뿌리박혀 있고, '자유'에는 극복해야 할 '불평등'의 내용이 포함되어 있다(또는 조건 지어져 있다). 우리는 여기에서 개체의 주체성과 관련되는 '자유'와 그 안에 반영된 민족적 과제로서의 '평등'의 상호 관련성을 볼 수 있다. 따라서 전리군의 실천 지향점은 '불평등'이라는 민족적 조건에 대한 구조적 분석을 전제하면서, 이를 시작으로 '자유'로운 개체가 교육/계몽을 통해 주체로 형성되는 것이다. 이는 전리군이 계몽의 가치를 회의 속에서도 견지하는 이유이기도 하다.

인식론적 인간학(지식의 불평등/차이를 존재조건으로 하는 인간)의 관점에서 볼 때, 자유로운 주체 없는 평등의 실현은 모종의 '대리'와 '전제'로 전락할 수밖에 없다. 결국 교육과 계몽을 통해(이 안에 '민족성'에 대한 인식이 포함된다) '개체성'의 자유를 확보한 주체가 먼저 있어야 그들 사이의 '평등' 역시 추구되고 실현될 수 있는 것이다. 그리고 전

전리군의 '다르게 쓴 역사'

리군은 이로부터 역사를 다루는 오랜 논점을 다른 방식으로 처리하게 된다. '당대성'과 '역사성'의 문제를 다루는 데에서, 전리군에게 '자유'가 당대성의 문제라면, '평등'은 역사성의 문제인 것이다. 전리군은 당대성과 역사성의 문제에서 빠져들지 모를 역사의 '타자화'라는 위험에 대해 '주체적 개입과 현실 비판의 정도를 장악하는 것'이라는 해법을 제시한다.[17] 이는 그가 '문학'적 '사상' 실천을 통해 '역사주의'와 '구조주의' 사이의 불모의 논쟁 구도를 돌파하고자 하는 것이다.

3. '다르게 쓴 역사': 비판적 인식과 문학적 실천의 결합

그래서 이 책 전반은 모종의 액자식 구성을 취하게 된다. 특히 학술과 문학, 평등과 자유 등이 액자처럼 조합되어 있다. 학술이론으로서 추상화된 이론의 장역이 내부에 존재하고, 이를 둘러싼 문학적 비판의 장역이 존재한다. 전자에는 이론가로서의 전리군이 이론적 분석으로 추상화/일반화되어 있고, 후자에는 개인으로서의 전리군이 직접 문학적 서술 주체/대상으로 등장한다. 전자에는 '57체제'와 같이 정치경제학 비판과 이데올로기 비판, 즉 착취 기제와 억압/동의

---

17 전리군, 『모택동 시대와 포스트 모택동 시대 1949~2009』(하), 516~517쪽.

기제가 분석되고, 후자에는 이러한 조건에서 부자유한 상황과 추구하는 자유에서 나타나는 모순과 역사적 저항 및 실천의 내용이 서술된다. 만약 전자의 정치경제학 비판과 이데올로기 비판이 없이 후자의 '자유'론만으로 문학적 역사 서술이 진행되었다면 아마도 모종의 '도덕적 비판'이라는 비난을 피하기 어려웠을 것이다. 그러나 이 책은 안쪽 액자의 이름이라 할 수 있는 '57체제'의 문학성의 자원들('민간'과 '정신')이 형성하는 정치성이 바깥쪽 액자인 문학적 역사 서술 전반을 밑받침해 주고 있다. 이 책의 '체제 비판'이 단순한 '도덕적 비판'으로 매도될 수 없는 이유는 바로 여기에 있다.

비판적 인식과 문학적 실천이 '액자'식으로 결합된 이 책의 독특성을 파악하는 데 핵심적인 고리는 여전히 '문학성'의 작용이다. 비판적 인식에 내재되어 있는 정치경제학 비판과 이데올로기 비판은 구조의 재생산에 대한 인식을 보여주는데, 문학성은 바로 '민간사상'과 '정신사'의 이질성을 통해 구조의 재생산을 내파하는 사상 자원을 제공해준다. 따라서 이 액자식 구도는 안과 밖이 정적으로 분리된 것이 아니라, '구조'를 '반(反)구조'가 둘러싸며 교섭 반응을 일으키는 동적인 형상이며, 동시에 그 결말은 불확정적으로 대중에게 열려 있는 문학적인 구도이다.

1) 구조 비판: 정치경제학 비판과 이데올로기 비판

앞서 말한 것과 같이 자유의 전제로서의 평등, 또는 문학적 역사 서술의 전제로서의 공동체의 민족적 조건에 대한 인식은 이미 주어져 있다. 다시 말해서 전리군의 역사 서술의 전제가 되는 이론적 인식은 이미 주어진 것이다. 거기에서 핵심적인 것은 직접 생산자인 노동자와 농민의 착취 조건에 대한 분석이다. 물론 이 착취 조건은 '자유'를 억압하는 전제적 기제를 포함한다. 이러한 분석은 '57년 체제'와 '6·4체제'와 같은 개념으로 추상화되어 제시된다. '57년 체제'는 혁명 이후 건설 과정에서 국가주의적 발전주의에 의해 사회주의로의 이행이 왜곡된 측면을 집약적으로 표현해준다. '6·4체제'는 1970년대 말과 1980년대의 개혁의 실패를 거쳐 '57년 체제'의 기본적 틀인 일당 전제를 유지하면서, 동시에 권력의 자본화가 대규모로 진행되어 발생한 양극화 등의 사회적 변화를 표현해주는 개념이다. 전리군은 '민중'의 공간, 즉 민간으로 시야를 돌려 농촌·공장·학교 등과 같은 공간의 구체적 상황을 새롭게 발견해 이와 같은 '체제적 개념'을 추상한다.[18] 이러한 민간에 대한 주목 역시 그가 취하는 문학성의 입

---

18 이에 대해서는 『모택동 시대와 포스트 모택동 시대 1949~2009』의 반우파운 동 전후와 포스트 모택동 시대의 관련 부분을 참고할 수 있고, '57년 체제'에 대해서는 『망각을 거부하라: 1957년학 연구 기록』, 신동순·길정행·안영은

장에서 도출된 것이다. 한편 이 저작에서 지속적으로 상기되는 것 가운데 하나가 국제 정세 또는 국제 관계인데, 이는 외적 조건이 중국 내부를 결정하는 것이 아니라, 외적 조건이 어떻게 앞서 말한 민간의 내적 모순과 결합해 내부화되는지를 보여주는 것이다. 전리군이 문제를 제기하는 방식은 서구 좌우익 보편주의에 기대어 중국의 역사적 사회주의 혁명을 외부적으로 부정하는 것이 아니라, 오히려 혁명 이후 여러 모순의 상호 결정 속에서 이행이 실패했던 역사적·민족적 상황을 내부적으로 성찰하는 것이다. 그런 의미에서 전리군의 비판은 '내재성'을 띤다. 이러한 성찰은 21세기 새로운 대안 모델을 찾는 가운데, 1949년 혁명을 현재화해 새로운 대안 모델로서 제시하는 데 불가결한 작업이기도 하다.

한편 이러한 구조 비판의 다른 한 축은 이데올로기 비판이다. 전리군은 그가 주목했던 지식의 문제가 작동하는 원리를 모택동 사상의 모순을 통해서 설명한다. 지식의 문제는 궁극적으로 개체성의 보존과 발현이라는 '자유'의 문제인데, 이것이 박탈됨으로써 결국 남는 것은 '당'의 독재와 '대중'의 독재의 동일성이다. 이는 '당'의 신화와 '인민'의 신화의 동일성이며, 동시에 포퓰리즘과 엘리트주의(또는 대리주의)의 동일성이기도 하다. 이러한 이데올로기 비판은 앞서 추상

옮김(그린비, 2012)의 관련 부분을 참고할 수 있다.

전리군의 '다르게 쓴 역사'

된 정치경제학 비판과 복합적으로 상호 결정하면서 착취와 억압을 재생산하는 관계를 맺는다.

2) 정신 비판: 문학적 실천

한편 이와 같은 구조의 재생산 기제 작동원리를 비판하는 것은 온전히 이 책에 담긴 고유한 측면을 보여준다. 이는 그가 '문학성'으로부터 가져오는 '민간'(일상)과 '정신'을 기본적인 자원으로 삼는다. 그는 5·19 사회주의 민주운동, 자유주의 지식인 심종문(沈從文, 선충원), 사회주의자 고준, 문혁 시기 민간사상촌락, 서단 민주의 벽, 이일철 대자보, 나아가 전리군 자신을 포함하는 역사적 계보를 재구성해 위로는 5·4운동으로 연결 짓고, 아래로는 천안문사건으로 연결 짓는다. 이는 당대의 역사 속에서 재구성된 또 하나의 「마라시력설 (摩羅詩力說)」이다.

이 책은 또한 '모택동'의 내면을 깊이 있게 묘사함으로써 그 모순을 새롭게 드러낸다. 늘 인민과 농민의 대표자라고 생각하며 '당'과 충돌했지만, 궁극적으로 '당'의 수호자이자 '농민'의 수탈자였던 모택동의 모순에 대한 추적이 상당히 밀도 있게 문학적으로 서술되어 있다. 이러한 서술은 민간의 복잡성을 이해하는 하나의 중요한 배경이 된다. 따라서 모택동의 복잡성은 궁극적으로는 민간의 복잡성을 해명하는 출발점이기도 하다. 그러나 민간은 모택동보다 늘 크기 때문에 결국 모택동에 갇히지 않는 사유를 보여줄 수 있다. 이와 같은 모택동과 민간의 복잡성을 새롭게 서술한 부분은 독자에게 열려 있는 텍스트이다. 이 저작의 의미를 정확히 파악하기 위해서는 문학적 서술이 어떤 효과를 내는지 분석해야 할 것이다.

전리군은 20세기 중국에서 역사적으로 두 번의 민간사상촌락이 존재했다고 언급한 바 있다.[19] 바로 5·4 시기와 문혁 후기이다. 이 두 시기는 어떻게 연속되고 어떻게 단절되었는가? 5·4운동은 이후 중국에서 1949년 혁명이라는 상승기로 이어졌지만, 1957년을 전환점으로 역전되었다. 1968년 제한적인 혁명성이 분출되었지만, 1957년 체제 또는 17년 체제의 복수 끝에 결국 하강기로 접어들었다. 그런 후에 다시 찾아온 것이 문혁 후기의 '민간사상촌락'이다. 이로부터 1970년대 후반과 1980년대의 상승기가 다시 도래한다. 물론 이 상승기는 1949년 혁명에 비하면 매우 왜소해진 것이다. 결국 그 상승기는 다시 1989년의 6·4를 계기로 봉쇄되어 역전되고, 6·4체제를 형성한다. 그러면 6·4 이후의 역사에서 1957년의 역전 이후 찾아왔던 문혁처럼 또 다른 문혁의 '조반'이 출현할 것인가? 우리는 역사의 반복을 마주하면서 역사로부터 지혜를 구하지 않을 수 없다. '문혁'

---

19 錢理群, 『六十劫語』(福州: 福建教育出版社, 1999), p. 106.

전리군의 '다르게 쓴 역사'

에 대한 역사적 평가가 중요해지는 것은 이러한 역사적 반복을 일정
하게 예상할 수 있기 때문이다.

고방	高放	가오팡
고준	顧準	구준
구추백	瞿秋白	취추바이
노신	魯迅	루쉰
담천영	譚天榮	탄톈룽
당도	唐弢	탕타오
등소평	鄧小平	덩샤오핑
등자회	鄧子恢	덩즈후이
류국개	劉國凱	류궈카이
류효파	劉曉波	류샤오보
모택동	毛澤東	마오쩌둥
박희래	薄熙來	보시라이
서문립	徐文立	쉬원리
서수량	徐水良	쉬수이량
서우어	徐友漁	쉬유위
심종문	沈從文	선충원
애청	艾青	아이칭
양수명	梁漱溟	량수밍
양희광	楊曦光	양시광
왕귀수	王貴秀	왕구이슈
왕상	王翔	왕샹
왕요	王瑤	왕야오
위경생	魏京生	웨이징성
이일철	李一哲	리이저
이하림	李何林	리허린
임소	林昭	린자오
임희령	林希翎	린시링
조자양	趙紫陽	자오쯔양
주작인	周作人	저우쭤런
진백달	陳伯達	천보다
진용	陳涌	천융
진이진	陳爾晉	천얼진
진휘	秦暉	친후이
채원배	蔡元培	차이위안페이
팽덕회	彭德懷	펑더화이
풍설봉	馮雪峰	펑쉐펑
호금도	胡錦濤	후진타오
홍자성	洪子誠	홍쯔청
황자평	黃子平	황즈핑

엮은이·옮긴이

연광석(延光錫) 엮음·옮김

충북 괴산군 도안면(현 증평군)에서 태어났다. 2004년 한국외국어대학교 중국어과를 졸업하고, 해상운송 업무에 3년간 종사했다. 대만정부초청장학생으로 선발되어, 대만 세신대학(世新大學) 사회발전연구소(社會發展研究所)에서 사회학 석사 학위를 받았고, 현재 대만 국립 교통대학 사회문화연구소(社會與文化研究所)에서 진영진(陳映眞)과 박현채(朴玄埰)의 사상 비교를 중심으로 박사논문을 준비하고 있다. 옮긴 책으로 『모택동 시대와 포스트 모택동 시대 1949~2009: 다르게 쓴 역사』(상/하)가 있다.

이홍규(李弘揆) 엮음·패널

한국외국어대학교 중국어과를 졸업하고 서강대학교 대학원 정치외교학과에서 중국의 '사회주의민주'를 주제로 석사 학위를 받았다. 기업에서 일하다 중국 유학길에 올라, 중국사회과학원에서 『기업집단화의 정치―체제개혁 중의 중국 기업집단화』란 논문으로 박사 학위를 받았다. 서강대 동아연구소, 아주대 세계학연구소, 성균관대 동아시아지역연구소에서 연구했으며 현재 동서대학교 국제학부 교수로 있다. 중국의 발전모델과 민주화 문제에 관심을 갖고 연구하고 있다. 논저로는 「충칭모델의 등장과 성과」, 「보시라이 숙청과 충칭모델의 미래」, 『중국모델론』(공저), 『체제전환의 중국정치』(공저) 등이 있다.

패널(가나다순)

박재우(朴宰雨)

한국외국어대학교 중국어대학 교수로 재직 중이고 국제노신연구회 회장을 맡고 있다. 지은 책으로는『韓國魯迅硏究論文集』(중문, 공저),『從韓中魯迅硏究對話到東亞魯迅學』(중문, 편저),『중국현대 한인제재소설의 통시적 고찰』,『韓國的中國現代文學硏究通論』(중문),『일제시기중국현대문학수용사 1, 2, 3』(공저) 등이 있고, 옮긴 책으로는『만사형통』(모옌, 톄닝 등 저, 공역),『애정삼부곡』(바진),『중국현대소설유파사』(옌자옌) 등이 있다.

백승욱(白承旭)

중앙대학교 사회학과 교수로 재직 중이다. 지은 책으로는『중국 문화대혁명과 정치의 아포리아』,『자본주의 역사강의』,『세계화의 경계에 선 중국』 등이 있고, 옮긴 책으로는『장기 20세기』,『노동의 힘: 1870년 이후의 노동자운동과 세계화』(공역),『우리가 아는 세계의 종언』 등이 있다.

백원담(白元淡)

성공회대학교 중어중국학과 교수로 재직 중이다. 지은 책으로는『냉전 아시아의 탄생: 신중국과 한국전쟁』(공저),『동아시아의 문화선택, 한류』 등이 있고, 옮긴 책으로는『인생』(위화) 등이 있다.

조희연(曺喜昢)

성공회대학교 사회과학부 겸 NGO대학원 교수로 재직 중이다. 지은 책으로는『비정상성에 대한 저항에서 정상성에 대한 저항으로』,『박정희와 개발독재』,『동원된 근대화』,『민주주의 좌파, 철수와 원순을 논하다』 등이 있다.

한울아카데미 1678

전리군과의 대화

중국의 사회주의, 자본주의 그리고 민주주의

ⓒ 도서출판 한울, 2014

엮은이 | 연광석·이홍규
옮긴이 | 연광석
펴낸이 | 김종수
펴낸곳 | 도서출판 한울

편집책임 | 이교혜
편집 | 김준영

초판 1쇄 인쇄 | 2014년 3월 31일
초판 1쇄 발행 | 2014년 4월 15일

주소 | 413-756 경기도 파주시 광인사길 153 한울시소빌딩 3층
전화 | 031-955-0655
팩스 | 031-955-0656
홈페이지 | www.hanulbooks.co.kr
등록번호 | 제406-2003-000051호

Printed in Korea.
ISBN 978-89-460-5678-7 03910

* 책값은 겉표지에 표시되어 있습니다.